すべてを叶える

仕事も家庭も子育ても
思いを形にする
ハッピーマインドの磨き方

新谷典子

1万年堂出版

はじめに

「すべてを叶える」

そう言われたら、あなたなら何を願いますか？

私たちは、仕事、恋愛、家庭生活、それぞれに望みや願いを抱いて、それを叶えながら生きています。

ですが、いつの間にか周りの人の願いを叶えるのに懸命で、自分の願いが何かさえ、わからなくなってはいませんか？

「好きな仕事に就きたいけれど、子育てがあるから無理。両方望むのはワガママかな」とタメ息をついてはいませんか？

大丈夫。願いは叶え合うことができます。

この本はあなたの願いを叶えながら、大切な人もハッピーにできる、そんな毎日を実現するためのエッセンス集です。

すみれ、タンポポ、蓮《はす》の花、芍薬《しゃくやく》、薔薇《ばら》に、カスミ草、どの花見ても美しい。

めぐる季節ごとに、場所を選んでまかれたタネから咲いた花々にめぐり逢うたび思います。女性も人生の色々な季節に応じた花を咲かせることができる。

私は十数年前、流産しかけていったん仕事を辞し、専業主婦になりました。

その後、二児に恵まれた子育て生活とあわせて、同居の九十代義祖母の介護が始まったり、私自身が骨折し動けなくなるという暗いトンネルに突入したり。

トンネルを抜けると、会社の執行役員となり、出版社のお声がけでビジネス書を出版するなど、めまぐるしい環境の変化が連なり、今もその真っただ中です。

体の変化、役割（妻・母・嫁）のギアチェンジ、仕事人としての頭の切り換え……。そんな変わり目に振り回されて、いっぱいいっぱいになるのが元来の私のはず、でしたが、変化を味方にでき、願いが叶い続けています。

それはなぜかと考えると、私の周りの美しく咲く女性たちから学べたおかげ。

彼女たちは、軽やかに、しなやかに、変化を好機にピンチをチャンスに、感動やときめきをキャッチしながら、楽しく努力して輝いています。

そんな魅力的な人には「ゆるぎない軸」がある。

いわば、人生哲学、フィロソフィに基づいた「心の習慣」「思いかた」があり、その「思い」を行動に落とし込んだ「振る舞いかた」がある。

だから、仕事、生活、役割の変化や激動の波に、時にはからだをあずけながら、転機を好機に変えて、願いを叶え続けるのではないでしょうか。

彼女たちがそうなれたのは、本人の「タネまき」のみならず、たくさんの扉を開けて、新しい場所を見せてくれたひとたちのおかげでもある。

そんなかたちなきひみつの贈りものもご紹介しながら、ハッピーになるヒントを皆さんに共有したいと思っています。

このエッセイを読むひとが、一話ごとにさらに明るいところへ行けますように。

新谷 典子

目次

すべてを叶える

仕事も家庭も子育ても
思いを形にする
ハッピーマインドの磨き方

1

ホームの隙間《すきま》とシンデレラ

相手も自分も幸せに咲かせる

「私がシンデレラになりそこねてからの、シンデレラストーリーを話しましょうか」

これは、女性経営者のNさんの体験談です。


ある日、私が仕事で新幹線に乗り込もうとした時、ドア付近で後ろから来た男性にハイヒールのかかとを踏まれてしまったの。

その勢いで、ヒールのかかとが車体とホームの隙間《すきま》にはまって、片足からすっぽ抜けた。オットットとよろめきながら、ドア付近で「押したの、誰よ？」と思いながら振り向くと、かかとを踏んだ犯人は、ツイードのスーツを着た初老の紳士と判明。

彼は「大丈夫ですか？」と、靴をホームのスキマから救出し、そのままハイヒールを捧げ持った従者のように、まずは一緒に車内へ。

後続の方に迷惑もかけられないので、私はいったん片足歩行で新幹線のシートに座った。

紳士からハイヒールを受け取った後、どんなことがあったと思う？　ヒールには大きなキズが入ってしまって。紳士が申し訳なさそうに、私の席まで再訪問してこられたから、こう伝えたの。

「私、シンデレラになりそこねましたね」

だって、すぐにその場で王子に靴を返されたから。そして、

「これで新しい靴を買う口実ができました」

と明るく笑顔で伝えると、紳士の瞳が輝き、

「どうかこれを使ってください」

新しい靴の代金にと、過分なお心遣いを渡してこられたの。

もちろん、お断りしました。

「それではこれを機会に、私の名刺だけでも受け取ってください」

と渡してこられたのが縁となって、その後、その紳士（企業の社長さん）との

ビジネスにつながっている。

Nさんのようなトラブルに見舞われた時、私たちはどういう態度をとるでしょうか。

踏まれた側なのに、思わず自分を責め、「私がもたもた歩いていたから悪いんです」と卑屈になってへりくだる？

反対に、外的要因に目を向け、「あなたのせいだから弁償して」と、踏んだ相手を責める？

このように「私が悪かった。だからあなたのせいではありません」と自分を責めるか、「こんなことになったのは、あなたのせいだ」と相手を責めるかの、どちらかである場合が多いかもしれません。

一方、Nさんの、

「私、シンデレラになりそこねましたね（微笑）」

という対応は、誰も責めてはいません。むしろ微笑みを届けています。

今起きたことの状況を俯瞰《ふかん》して、自他ともに楽しく前に向かえるよう、ユーモアで包み込んでいるのです。

そんなNさんは、単なる「シンデレラ」ならぬ「花咲かシンデレラ」と呼ばれているとか。

Nさんが現れた場所は四方に花が咲き、マゼンダピンク色に染まったようにハッピーな空気が流れる。Nさんが歩く場所は、でこぼこ道にも、レッドカーペットならぬ、「マゼンダピンクのカーペット」が敷かれたかのように、自他ともに華やかで楽しい道ゆきとなる。

どうしたら「花咲かシンデレラ」になれるのか？

先の新幹線ストーリーを分析してみましょう。

自分も他人も責めないで、未来に種をまく

出来事の意味というのは、自分の解釈で、いくらでも変わります。

そこが一つめのポイントです。

解釈次第では、「後ろから来たウッカリ者の初老のおじさんに、靴を踏まれた悲劇」です。

だけど、Nさんは「私が悪うございました」とも、「あなたが悪い」とも責めなかった。それによって彼女は、よきビジネス相手ともめぐり会い、まさにシンデレラストーリーを描けた。

「靴を踏まれてしまった」というのが出来事。

ではどうすれば、この出来事をハッピーに展開してゆけるのか。

自分に結果が起きたということは、その原因は自分にあるので、「ハイヒール歩行には留意しよう」ですし、踏んだ人は事態のきっかけをつくったわけです。

これが本当のこと。

けれども、今から過去には遡《さかのぼ》れない以上、結果が起きた瞬間から、他人のせいにせずに、自分が変えられることに焦点をあてて行動し、どのように最善を尽くしていきたいか。卑屈にならず、さりとて傲慢《ごうまん》にもならず。

この思考の型や行動を習慣化して、あらゆる出来事を糧にして生きたいものです。

ハッピーな空間と時間のつくり方

二つめのポイントは、「和顔愛語《わげんあいご》」＊です。

和顔愛語が連鎖して、この紳士とビジネスパートナーになれたのです。

ここで、笑顔と優しい言葉を贈り合ったからこそ、ご縁が育《はぐく》めたのではないでしょうか。

「花咲かシンデレラ」の「咲かせる」とは「『嬉しい・楽しい・ハッピー！』と

感じられる時間を相手に届ける」ということ。

くだんの紳士の「瞳が輝いた」のは、比喩ではない。ひとは、嬉しい、楽しい時は瞳孔《どうこう》が開き、目がキラキラ輝くのです。

そんな時間を相手に届ければ、お互い「花咲く」ハッピータイム、楽しい時間の到来。

花が咲いている空間は居心地がいい。

それと同じように優しい言葉を贈りあう時間、空間も心地いい。

居心地のいい「花咲く」時・空間のプロデューサーは自分自身なのです。

生きていると様々なトラブルにみまわれたり、理不尽だと思えるような困難な出来事が発生したりします。

あらゆる困難にチャンスを見出すほうが、あらゆるチャンスに困難を見出すよりも、ハッピーに生きられます。

つらいこと、苦しいことがあると、「どうして私だけ？」「世の中、理不尽なことばかり」と、モヤモヤがつのるかもしれません。

ですが、あらゆる困難にチャンスを見出す人でありたい。

「花咲く」ハッピータイムを発見したい。

Nさんのように、ハイヒールのかかとを踏まれて、靴を落としてみたくなりましたか？

ハイヒールを拾ってくれた人を見て、「しまった、この人、王子様じゃない！」と直感したら、「ごめんあそばせ」でハイヒールをいそいそと回収し、しかるべき王子のもとに落とすジャッジメント能力も、花咲く女性には必要であることを申し添えておきましょう。

＊和顔愛語……和んだ顔から発せられる優しい言葉がけのこと。

シンデレラは、
あらゆる困難に
チャンスを見つける。

2

work《ワーク》 life《ライフ》 integration《インテグレーション》

仕事と家庭、掛け算ワークで

「work life integration（ワーク・ライフ・インテグレーション）」は、高橋俊介氏（慶應義塾大学　特任教授）などによって、提唱されたと聞きます。「ワーク・ライフ・バランス」の「仕事と個人生活の二者バランス」という考えから、さらに進めた考え方といえましょう。

「ワーク（仕事）」と「ライフ（個人生活）」は、相反するものではなく、どちらも私の人生の流れの中にありますから、同じ時間軸の中で「インテグレーション（統合）」することで、人生全体の充実を求める。

この概念を、私の身に引き当てて考えますと（本来の意味と違う解釈かもしれませんが）、私にとって「ワーク」は「生きるための活動すべて」であり、「ライフ」は「人生そのもの」。

つまり、「仕事、子育て、家事、趣味生活、勉強」その他、幸せに生きるための活動は、全て私にとって「ワーク」です。

母・妻・嫁・一女性としての「ワーク」。

それら全ては、「ライフ」＝「人生そのもの」を輝かせるために大切な要素であり、「仕事」と「子育て」のワーク自体に優劣があるわけではありません。

各々の「ワーク」を、どう統合していけば、各人の「ライフ」がかけがえのないものになるか。

その、他人に委ねることのない舵取《かじと》りこそが、醍醐味《だいごみ》ではないでしょうか？

「仕事と家庭をどうやって両立しているのですか？」

という質問を受けることがあります。

会社の執行役員であり、夫がいて二児の母で、義父母、義祖母ともに同居、さらに近所付き合いコミュニティーも密な京都住まいの背景を見てのことかもしれませんが、私の中には、「両立」という意識はないのです。

「子どもがいたら、その分、自分の時間を取られて、仕事をするひまがなくなると思うと、出産に踏み切れない」

との声も聞きます。

しかし、私の実感からすると、家族が増えたら、仕事の時間は引き算になったとしても、結果として「ワーク」全体の効果は引き算ではなく足し算、いえ、いっそ掛け算。

「可愛くてたまらない子どもと一緒にいられるはずの時間を、仕事に充てているからには、仕事を終えたらますます、子たちにプラスを届ける自分に変わっていたい」という思いで仕事をしています。

一方、職場では、家族からもらった元気をもとに、私ならではの仕事で仲間に貢献し、ベストの結果を出したい。

そんな思いが「掛け算効果」を生んでいるのかもしれません。

願いを叶え合う仕組みづくり

「ワークの効果」について、「仕事」をテーマに考えると、仕事価値を掛け算的に上げてゆくには、仕事の関係者全員が win-win-win になる仕組みをつくることが必須。

関係者のwinが多彩、多様であり、winが各人別種類、もしくは相補関係にあるのがベストです。

例えば、「Aに関する仕事」があった場合（Aは例えば「日本の伝統工芸の組みひも作り」など）。

❶の人はAが欲しい、❷の人はAが作りたい、❸の人はAが作られる様子を見て学びたい、❹の人は、❷の人がAを作る様子を見て、その反応を楽しみたい、と。

「Aに関する仕事」と一言でいっても、分析し、可能性を考えると、いろいろな側面がある。

「A」という一つの物事をめぐってどんなwin≒願いがあるか。❶〜❹のみならず、例えば❶〜❹の人をマッチングする場を作って、収入を得たい等の願いもあるでしょう。

どれだけ「A」にまつわるwin-winを組み合わせることができるか、という視点の多彩さの源は、私の場合、「家庭での人間観察」や「人の気持ちを慮《おもんばか》る経験」、「家族の中にwin-winをつくる仕組みづくりの体験」にもあると感じます。

ですから、家庭生活で多くの時間が取られたとしても、そこで使っている時間がそのまま仕事のアイデアを生む時間にもなる。

例えば、私の家族の一人ひとり、何に重きを置くか、というのが各人違います。

義父であれば、地域の人に、「防犯活動、子ども見守り活動ありがとうございます」と喜ばれ、地域貢献に尽力することに重きを置き、ばあば（義母）はじいじ（夫である義父）を支える役目を重んじる。

義祖母であれば、九十七歳要介護であっても、曽孫《ひまご》（私の子たち）の宿題推進と礼節しつけ担当。

私よりも、礼節しつけに長《た》けているおおばあば(義祖母)に頼り、時間をもらっている分、おおばあばのできない身のまわりのことには、夫や私が時間を使う。

そして「仕込み」好きのおおばあばにしてみたら、それが生きがい、やりたい

「願い」でもあるらしい。

曽孫《ひまご》の音読の宿題チェックまで引き受け、耳が遠いためか何度も「聞こえん」と聞き返しては、練習回数を重ねさせ、宿題推進にも貢献しているおおばあば。

このように、家庭の中で、何を優先したいか、どこに自分の願いがあるかというのは、同じではありません。

違うがゆえに、相補的にもなり、各自が時間を捻出《ねんしゅつ》するための決め手、仕組みづくりの種にもなります。

家庭の中でそういうのを見たり、経験したりしていると、職場でも「こんなふうにこれを組み合わせたら上手くいくだろうか、最大のwinを生むだろうか」とアイデアを出す練習になっています。

ですから、家庭があるということは仕事人にとってマイナス要素ではありません。

また、仕事相手の「本当の願い」を推しはかるうえで、家庭での実践が活きています。

家庭内においても、家族の「思い」や「本当の願い」は口に出される言葉とは違う場合も多いですから。

例えば妻が「もういい、ひとりにして」と言ったからといって、夫が「了解」と字面《じづら》どおり妻を放っておいたら、吹き矢が飛んでくるかもしれません。「何で私をひとりにするの」と。

家庭内で一悶着あれば、仕事の場でも、「このように言われているものの、この方の本当の願いは何だろうか」と深く考えることができます。

仕事と家庭という場面だけを取ってみても、引き算ではなく、相乗効果、掛け算になっているということを実感しつつ。

限られた時間でいくつのことを同時に達成するかを考え、家庭内で実践もしています。

ある時は子どもを前に抱っこして、もう一人をおんぶして、三人いっぺんに移動、ついでに大根を持って、二階の台所に向かっての階段を上る。

その一連の動作で、

①子どもとのスキンシップになる
②自分の筋トレになる
③「お母さんスゴーイ」のリスペクトを得られる
④みそ汁の具（大根）運びができて、時短になる

四つを同時に叶えて確かな達成感もある。
掛け算workは楽しいものです。

仕事・子育て・家事・まなび、
すべてを
あなたの幸せに。

3

心のDNA

結婚してもしなくても、
子どもを産んでも産まなくても

私がアメリカで出会った、マダムの話。

ラスベガスに別荘を持つマダムから、「遊びに来ませんか？」とお誘いを受けて伺うと、彼女は空港まで車を運転して、颯爽《さっそう》と迎えに来てくださいました。

七十歳になられていたはずですが、見た目はマイナス二十歳。

シルバーグレーのパンツスーツに身を包むマダムが、サッとサングラスを外すと、光を放つ瞳が現れました。

案内された別荘は、門から玄関までがとても長く、庭の手入れは行き届いています。部屋に案内され、

「これが客室」

「これがリビング」

「これがハンドバッグの部屋……」

と言われたところには、磨き抜かれた革のバッグなどがズラーッと並んでいます。

そして、「私の自慢の娘」とマダムに紹介されたJさんは、どう見ても二十代

にしか見えません。

マダムが席を外した時、Ｊさんが言いました。

「実はママと私は血が繋がっていないんですよ。私を産んだのは別の人で、私のパパがママと再婚したんです。

私のママは素敵でしょう？　パパのことをすごく助けてくれているし、私はママのことをとても誇りに思っているんです。

『何かの値段を知っていることと、その価値を知っていることは別』

これもママから教えてもらった。

ママの性格、素敵な考え方や振る舞い方が、一緒に暮らす中で私に刻み込まれているから、私は、ママのＤＮＡを受け継いだ娘なんです」


しばらくしてマダムが戻ってきました。

お茶とケーキの時間、今度は娘さんが席を外しました。

「Ｊが何か言っていました？」

と聞かれたので、

「ママのことをすごく誇りに思ってる、と言われてましたよ」

と伝えると、マダムは涙ぐんでつぶやかれました。

「私もね、娘のことを誇りに思っているのよ。私が産んだ子ではないけれど、あの娘をとても大事に育てている。

そして、娘には女性がハッピーに生きる秘訣を伝えたい。

私は子どもを産まなかったけれど、今、とてもハッピーです。典子さん、あなたはどちらを選ぶか分からないけれど、どちらであってもハッピーになれる。女性の幸せにとって、子どもを産む産まないは問題ではありません」と。

そして、

「女性として醜いのは、〝自分の恵まれぶりを他人にひけらかして、周りからの羨望《せんぼう》の光線をビリビリ感じなければ喜べない姿〟」

と言われたのが、今も心に残っています。

「そんなことに暗い喜びを見出さず、他人にどれだけ幸せを与えられるか、周りをどれだけ喜ばせられるかを考えるほうが楽しいわよ。

それがハッピーのもと。

女は男を守るものよ。

自分が一方的に男に守られたいというマインドではダメ」

と語られていました。みんなまとめて守ってあげたい――今、そんなふうに私が思うのは、これが原点かもしれません。

バトンをくれた輝く女性たち

今も絆を紡いでいる女性、ロサンゼルスにお住まいのMさんは、私が、ある苦境のさなかにいた時、優しい眼差しと沈黙で寄り添ってくださいました。

Mさんから頂いた黒のタイトスカートが、今でも私の宝物です。

Mさんは、エレガントにして威厳があり、知性と母性を両方兼ね備えた方で、彼女と過ごした時間が今の私をつくっていると感じます。

もうひとり、Kさんからは二十年以上、薫陶を受けています。私の人生の岐路ごとに手紙やメールを下さり、「今の貴女《あなた》にしかできないことがある」と、その時々に必要な強さで背中を押してくださるから、その分、加速して前に進めるのです。

一つ年上のTさんには、「無邪気」とは別の「ピュア」さがあることを教えてもらいました。彼女はピュアかつ野蛮、だから私は野蛮な女も、とても好き。

そして、私がうれしい時も、寂しい時も、引き寄せられるように会いにゆくRさん母娘《おやこ》は、お二人で励ましを下さいます。

柔らかな光に包まれているようなお二人の佇《たたず》まい、ふとした眉間のほどきかたひとつで私をハッピーにしてしまえる「気配力《けはいりょく》」に何度支えられたことか。

彼女たちと血の繋がりはないけれど、刻み込まれた〝心のDNA〟を感じるのです。

結婚しようがしまいが、血を分けた子どもを持とうが持つまいが、女性はそれぞれの輝きがあり、自分の持っている美しいバトンを、誰かに渡すことができるのではないでしょうか。

私もそんな美しいバトンをつなげる人になりたい。

気配《けはい》ひとつで
ひとをハッピーにできる力。

これもつなぎたい
美しいバトン。

4

必殺ワザを棚おろし

それは歯を食いしばってまでやること?

目的は一つ、強みはそれぞれ

娘が小学校低学年だった頃のことです。

魔法少女もののテレビや映画を一緒に見ていました。

テーマソングを一緒に歌いつつ、娘と感情移入しながら観ていた時間が過ぎると、次は息子と戦いものアニメを観るのですが、その戦いが激しすぎて、ヒーローの必死な形相にいまひとつ感情移入できません。

「女子の戦いにおいて必殺技は、歯を食いしばって繰り出すものだろうか」

大人になっての実生活、特に仕事や恋愛においては、必死な形相は逆効果。息を吸って吐くようにできることが、女性にとっての必殺技。

ほどほどにリラックスして楽しく努力できることは何か、吟味《ぎんみ》したいものです。

「17世紀にオランダのハーグで活躍した哲学者のスピノザは、人であれモノであれ、それが『本来の自分らしい自分であろうとする力』をコナトゥスと呼びました。（中略）

スピノザによれば、賢人というのは、自分のコナトゥスが何によって高められ、何によってネガティブな影響を受けるかを知り、結果として人生を楽しむ術を心得た人だということになります」*1

（山口周『ニュータイプの時代』）

何を縁としたら（どんな環境や場所でなら）自分を高められるか、反対にどんなところからネガティブな影響を受けるかは、その人本来の資質に応じて違います。

これが、自分の「必殺技」を考えるヒントになります。

「必殺」のワードは不穏かもしれませんが、ここでは「必ずめあてを達成する」の意味と捉えていただければと思います。

「努力すれば百パーセント夢は叶う」

「何事も突き詰めていけば達成できる」

これは本当でしょうか？

苦しい環境で戦い抜くより、自分が楽しくハッピーに結果を出せる層（レイヤー）での努力のほうが、報われると感じます。

楽しくスピーディーに出してゆける必殺技を棚おろししてみませんか。

意外な技の発見があるかもしれません。

例えば「必殺・スキル逃げる」、これもあり。


「男が後ろへさがったら、それはひきさがったってこと。

でも女は——助走のためなのよ」*2

（ザ・ザ・ガボール　女優）


引き下がるのが大事な時もあります。

「スキル退散」「スキル逃げる」これも、必殺技のひとつ。

逃げる勇気が持てないと、負けると分かっているのに戦略なしにぶつかって総崩れになってしまうということが起こります。

だから、他人が良かれと思って勧めてくれた場合でも、自分に合わないものは断る勇気が必要だと思います。

断ることで相手の願いの本質を叶え、自分の希望も叶える

「この仕事を引き受けてほしい」とご依頼があった案件も、熟慮のうえ、代替案を出してお断りしたことが、私もありました。

これは自分に合う案件ではない、と直感したからです。

また、自分に合っている、いないの他に、別の視点から、お引き受けしない場合もあります。

あの人は私に期待しているし、引き受けたら、喜ばれるかもしれない。

しかし、「私の仕事時間＝私個人の時間」であるだけでなく、「私の時間」は私が担う「会社の執行役員」「チームの責任者」、その他諸々の顔を背負ったものとしての時間、でもあります。

「引き受けないのは勿体ない」と言ってくれる人があったとしても、感謝しつつ、

辞退する場合もあります。

そしてその任が、別の人にとって、「やりたいこと、大事なこと」であり、かつふさわしい場合は、その人を推薦するのです。

私より優れている人はいくらでもいるのですから。

普段は奥ゆかしくて自分から手をあげない人、声をかけられたらやろうと思っている人にとって、「代わりに指名してもらえたら、それは嬉しいことだ」と、打ち明けられたこともあります。

私は自分のコアに集中する時間ができ、推薦された人は活躍でき、全体のプロジェクトもうまくいく。

だから、「君ならできる」と声をかけられても、後ろに下がったほうがいい場合もあるのです。

もちろん、それは「助走のために」。

「あの人は嫌な仕事は断ってる」

「わがままだ」

と見られることもあるかもしれません。


「わがままこそ最高の美徳」*3

（ヘルマン・ヘッセ　ドイツのノーベル賞受賞作家）


「わがままを申し上げますが、私の必殺技を使えない任であるため、お断りします」

と言う勇気も必要ではないでしょうか。

男が後ろへさがったら、
それはひきさがったってこと。
でも女は—— 助走のためなのよ。
*2

（ザ・ザ・ガボール　女優）

5

work《ワーク》 smart《スマート》で、賢く楽しく幸せに

遠回りで苦しむことが「真面目」ではない

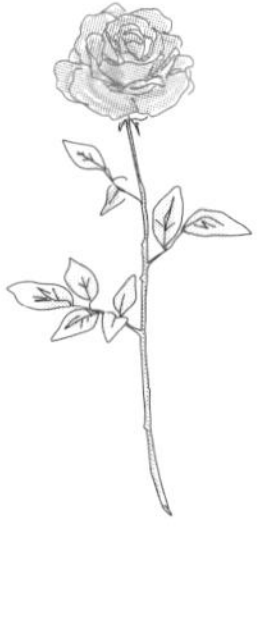

あるビジネスパーソン・Tさんから聞いた話です。

「これは、私がはまった落とし穴です。

回り道になる仕事だと分かっていながら、最善を選ばなかった。

クライアントの希望を聞いて『もっといいやり方があるのでは？』と気づいたのですが、仕事の手順さえも指定してきたクライアントの言うとおりにやっていれば、悩まなくていいし、大変ではあっても体だけ動かしていればいいので、思考停止していた。

回り道の面倒さで苦しんだ分だけ報われるはず、と自分に言い聞かせていた」

実際は、苦しんだ分だけ前進するわけではありません。

目的を果たそうとする中で、自分との闘いに苦しむことはあるでしょうが、苦しんでいるから前進している、正しい目的に向かっているのだというのは、違う。

これを混同すると、苦しければそれだけでいいと思って、苦しみを自分に課すようにすらなってしまう。

適切ではない努力をするから、苦しくなってしまう。

それに気づいたTさんは、クライアントと話し合いをもちました。

「貴社（クライアント）の望まれる目的を達成するには、もっと効果的なやり方がありますので、私に任せてください」

結果、クライアントにも喜ばれ、Tさんも報われたそうです。

「楽」を叶える工夫と努力を

「work smart（ワークスマート、賢く働く）」という表現があります。

「work hard（がむしゃらに働く）のではなく、work smart（賢く働く）のが大事だ」といわれます。

つまり、最適解の努力ということです。言葉を換えれば、目的地がハッキリした働き方。そうして賢く働くと、楽ができる。

「楽ができる」というと、怠惰を求めていると思われがちですが、「どうしたら、もっと楽にできるだろうか」と考えることは、「楽した分、本質的な重要ごとに気力、体力、時間を投入できないだろうか」と努力する真面目なことです。

Google米国本社副社長兼日本法人社長、日本法人名誉会長を歴任された村上憲郎氏は、著書『村上式　シンプル仕事術』[*4]の中に書かれています。

「仕事量や仕事時間に優先度をつけて、なるべく少数の貢献度の高い仕事に集中することで仕事を効率化する。それがひいては顧客満足や会社の利益にもつながっていきます」

だから、同じことはそのまま繰り返さない。

今まで三時間かかっていた資料づくりが、そもそも必須な仕事なのか?と検証してみると、膨大な資料よりも三分間の映像のほうが目的達成に効果的であり、しかもその映像作成には三十分しかかからない、と分かる場合もあります。

楽なやり方を探るのは、工夫であり努力。

苦しまずに楽にできる方向に工夫するのが、「賢さ」だと思うのです。

それを「楽を求めてはだめ」と言って、無駄な努力を勧める上司にはなりたくない。私たちは、苦しみや楽に対する概念を間違うことがあります。

ムダな遠回りで苦しむことが「真面目」ではない。

「楽」というのは、「楽しく」という意味もあるし、「スムーズに」「スマートに」という意味もある。

その「楽」は、地道な努力によって生み出された「実り」ではないでしょうか。

バラの花がほしいのに、
イバラの種を
まいていませんか？

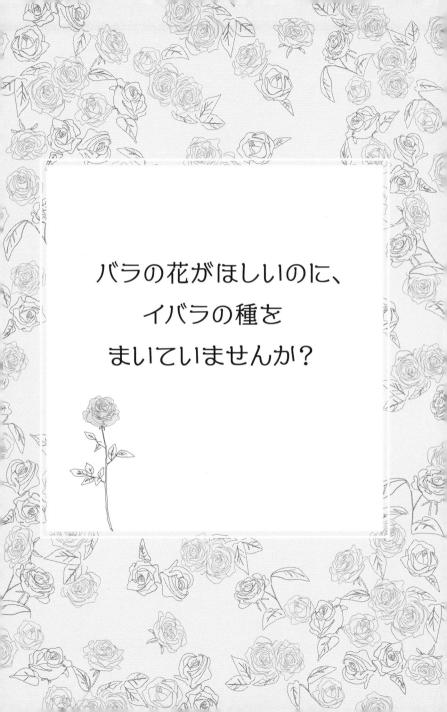

6

もっとちゃんと困ったら

「困難」は「本質」を吟味する新しい扉

「困るということは、次の新しい世界を発見する扉である」

というエジソンの言葉を、経営者の勉強会で聞いたことがあります。

エジソンの深意はさておいて、まずは「ちゃんと困らないと次に進めないんだな」と受け止めました。

何か困難がやって来たときに、「苦しいな、しんどいな、つらいな」という感情が出てきます。そういう感情を押し込めて蓋をして、なかったことにするほうが、一時的には楽かもしれません。

「大丈夫ですか？」と尋ねられて、手を差し伸べられたのに、「大丈夫です」と、その手を払いのけてしまう。「大丈夫じゃなかった」と後で気づいた時は、取り返しがつかないところに来ている場合も。

感情の均衡《きんこう》や生きる気力さえも失う前に、「大丈夫じゃない」「今、自分はしんどいんだな、つらいんだな、苦しいんだな」という感情を認める。

私の場合でいえば、我が子が幼い時は、一人目（娘）の時も、二人目（息子）の時も、夫が海外赴任&単身赴任で、不在の時間が長くありました。

そんな時に限って子どもが入院したり、同居の義祖母が要介護になったり、私のあばら骨が折れちゃったりしたわけです。

困ってないフリが得意な私も、さすがに困り果てました。

そして、ちゃんと困った結論として、「やらないこと」を決めました。

これは緊急事態において、何が重要かつ緊急なのかを吟味して、体力、気力の使いどころを、生きるうえでの「本質」に集中させるため。

一．自分の心を追いつめる行動はしない

それに向かおうとしたら、心が窮屈になる任務は、私には向いていないのです。

「本当に大事なことに集中する気力を削《そ》がれてしまう」と思うことはやらない。

「やらない」といっても、それを誰かがやったほうが、全体に良い場合は、それが好きな人や、向いている人を探す。

食べものの好みと一緒で、私は苦手でも、誰かは好きな場合があります。

そういう人に任せる。頼らせてもらう。代わりに誰かの「苦手でキライ」が、

私の「好きで得意」なことなら、引き受ける。

二．相性の悪い人には近づかない

困っている時に、グチを言い合う仲間を増やそうと近づいてくる人とは、相性が悪いので、逃げます。

また「いい人」のふりをして正義をふりかざし攻撃してくる人もかわす。

逆に必要な厳しさをくれる人は、実は「相性の良い人」。

困り事の原因を他人のせいにして、うらみ言をこぼした時に、一緒に本当の原因を探すべく、苦い問いかけをくれる人は大切。

その問いかけのおかげで、困り事を解決する舵取《かじと》りができるのは、ほかならぬ自分なのだと気づかせてもらえる「相性の良い人」です。

三．「いつも笑顔」はしない

和顔愛語は大切ですが、悪意ある相手から、つらい仕打ちを受けたのに、ムリして愛想笑いをしていると、悪意の主は調子に乗って、さらなる攻撃をしてくる。無理して笑顔を作ると、自分の首を絞めるのみならず、相手の首を絞めることにもつながりかねません。

その悪意の主が、あなたを苦しめることに、ゆがんだよろこびを覚えると、その人は顔つきもゆがんできます。そうならないためには無反応で受け流すか、不快であることをハッキリ伝えます。

他人が自分を粗末に扱うのを許してはいけません。

その他人のためにも。

ちゃんと困ったら、何が生きるうえでの本質かを見極め、「やらないこと」を決めることで、「やるべきこと」と「やりたいこと」にフォーカスでき、気持ちと時間が生まれます。

相性の悪い人からは遠ざかり、本当に私のことを思ってくれている人が差し伸べてくれる手は、「ありがとう」と受けとめる。

そうすることで、新しい扉が開かれていくのです。

「大丈夫じゃない」

と言えたら、

「大丈夫への第一歩」。

7

ときめきとlogic《ロジック》

論理も情緒も大切に

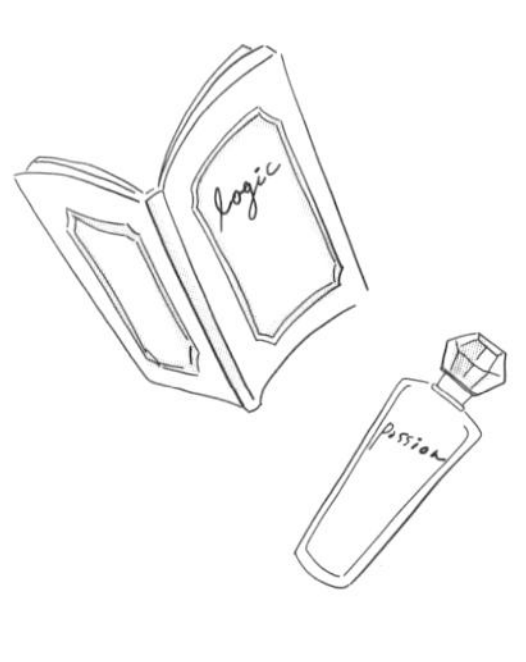

「〝信用〟をしていただくには少なくとも一年かかるんだけど、〝信頼〟していただくのは三分で済む」と、女性経営者Sさんは言います。

「もっといえば、初対面の最初の六〜三十秒で決まる。

直感的に信頼してもらった後で、ロジックと実績で信用を積み上げていきます」

確かに、Sさんに会うと、ときめきます。

「Sさんと同じ空気を吸えるなんて光栄です」という気持ちになり、信頼できる人だと感じます。

第一印象には、その人の今まで積み上げてきた深い思い、行動、苦労、喜びがにじみ出るのかもしれません。

「思いつきや単なる直感でものを言うな」

そのように男性上司から叱られたことがあると、複数の女性から聞きますが、「直感」も「ときめき」もすごく大事であることを、Sさんから教えていただきました。「ときめき」といえば「世界をときめきで幸せにする」かの「こんまり」

さんこと、近藤麻理恵さん（『人生がときめく片づけの魔法』著者）も、ときめき重視。その「ときめき」「直感」というのは、ロジックで説明しづらい。

フランス語で「**je ne sais quoi**」という表現があります。「**いわく言い難いもの**」とよく訳される。

感じ取ることはできるけれども、言葉にしにくいもの、という意味です。

「ときめき」の理由も言語化は難しい。「感じ取る」というのは、ある程度、身体性からくるもので、五感を研ぎ澄ましてこそ感じ取れるものがある。

クライアントのときめきを形にするには？

企業内での新規事業の立ち上げをサポートするのも私の仕事のひとつです。

その際、例えばクライアントの方と話をするとき、目を合わせたとしましょう。

すると、

「うれしそうな瞳の輝きをされているな」

「何かを不安に思っているのかしら？」

こんなふうに瞳を読んだり、言葉を聞いたりして、

「どういうことをこの方は望まれているのかな」

「相手が欲している価値は何なんだろう」

ということを感じ取ろうと、心と耳を研ぎ澄まします。

「相手の望み」とは、例えば、新規事業を通じて生み出したい価値やビジョン、世界観。それらがクライアントの「市場分析」や「収益性の計算」ではなく、「直感」や「ときめき」から生まれた場合もあります。

そういう価値、ビジョンを「建物」だとしたら、それを建てるためには、どういう基礎や柱が必要かを計算し、論理にのっとった仕組みをつくり、クライアントの直感を実現に導きます。

もしクライアントが人事の方で、従業員の人材育成研修を希望されているとしたら、その方の人材育成のビジョンと、会社全体が目指す理念と上手くハーモニーする仕組みで段取って、価値を提供する必要があります。

例えば「こういうふうにして組織を変えていきたいので、新たにこんな研修をやりたい」と幹部の方が、ときめきビジョンを情熱的に語られる場合があります。

それはたとえるなら、「新たにこんな建物を建てたい」ということ。

しかし、その建物が建つ場所の特性というものがあります。

断崖絶壁や、海の近くかもしれず、その場合は埋め立てをするのが先かもしれない。そこは論理的に、聞き取りを進めながら緻密《ちみつ》な段取りが必要です。


どういうことか、事例をご紹介しましょう。

ある時、企業の幹部Aさんから、ご依頼がありました。

「新規事業を創出するための思考法を身につける研修をしたい」

ところが、社内の幹部Bさんは反対されています。

「思考法なんて目に見えないことに投資はできない。取り急ぎ達成すべき数値目標をクリアする必要がある。研修を受けさせるヒマがあれば、品物を売る時間に充てさせたい」

Aさんにしてみれば「断崖絶壁」。

Bさんをなんとか説得してほしいとのこと。

Aさんいわく、

「うちの会社が前に進むためには、もっとお客様に喜んでいただく必要がある。今のままの仕事の延長では行き詰まる、と私は直感してるんですよ。新しい視点で、お客様に新たな価値を届けたい」

私がBさんの所に行くと、Bさんは身構えられていました。

研修採択に向けて、説得に乗り込んできたと思われたのでしょう。

私は言いました。

「要らない研修を受けてもらうわけにはいきません」

それを聞いてBさんは、ポカンとされたので、続けて伝えました。

「要るか要らないかは貴社のミッション、ビジョンに立ち返って、論理的に判断していただきたい。Bさんはお客様を、どういう未来に連れてゆきたいのですか？」

AさんとBさんが話し合った結果、
「『緊急ではないが重要』な顧客創造活動がこの研修である」という結論となり、
研修をきっかけにBさん主導の新規プロジェクトも生み出されたのでした。

直感と論理、
理論と体感、
ロマンとそろばん、
この両方がクライアントをハッピーにするうえで大事です。

ときめきがあるから、
ロジックに夢がある。

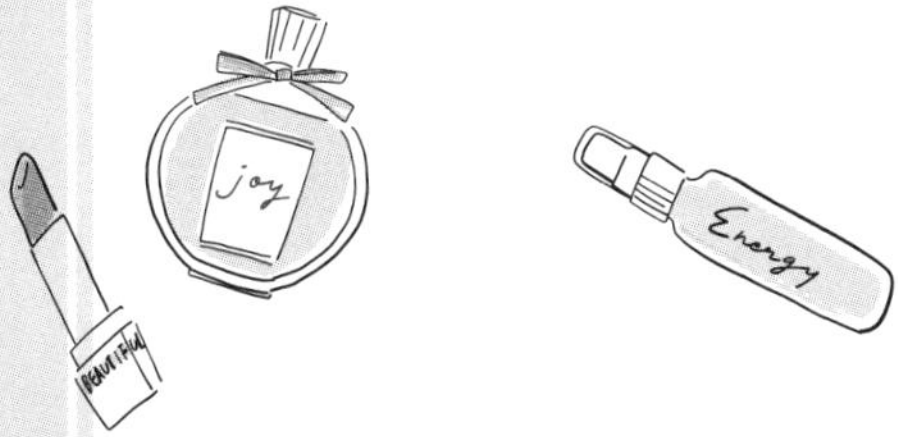

ロジックがあるから、
ときめきを形にできる。

8

「一歩ずつ」と「高跳び」

自分の可能性に制限をかけてはいませんか

「地道に一歩ずつ頑張っていこうと思います」

一歩ずつ行く。それが大事な基本形。

一気に何十段も跳ぶ、これは真っ当な手順ではないと思われるかもしれません。

でも、跳び箱を跳ぶ時に、一段ずつ増やさずに、一気に三段ずつ積んでほしい場合もあるのではないでしょうか。


限られた時間に成果を出す、失敗してもいいからどこまで跳べるか、という場合だったら、一歩ずつ、一段ずつではなくて、三段、五段、八段と挑戦したほうがいいこともあります。もし「数段とばしはありえない。いきなり大目標にリーチするなんて、もってのほか」と思うとしたら、その考え方で、自分の可能性に制限をかけているのではないでしょうか。

少し別の観点ですが、

「キャリアか、良妻賢母かの二項対立。二択のうち、どちらかを選ぶのが筋」

と考える人もいれば、

「文系だから数学は苦手です。あなたは文系？　理系？」

と聞いてくる人もいます。しかし、実際は
「専攻は文系ですけれど、数学は大の得意」

という人もいれば、

「エンジニアで、文学を愛する」

という方もいます。

守備範囲を決めつけられると、その決めつけの枷《かせ》に縛られて、能力が発揮できなくなります。両方得意はありえない、という思考が、

「仕事に没頭しすぎたら、結婚が縁遠くなる」

「家庭を守るのが務めだから、外に出て働くと支障が出る」

という思い込みにつながりかねません。

そうやって「二兎を追う者は一兎をも得ず」と自分に言い聞かせているとしたら、それはもったいない思い込みです。

「綺麗な人はいじわる」という漫画は一つのなぐさめにはなりますが、私の周囲

の綺麗な人は皆優しい（「綺麗」は、顔の造作の精巧さ以外の「美しさ」も含めます）。

「綺麗な人は大事にされるから優しくなる」という意見も、むべなるかなです。

「可愛いうえに優しいなんて」という女性の嫉妬心は機会損失のもとですから、可愛い、キレイを伝染《うつ》してもらうべく、私は麗人に近づきます。

登場と同時にラスボスを倒すヒロイン

私の美しい友人Uさんは、優しいうえに知性も兼ね備えた人。

話し相手の男性が、知識の披露に鋭意努力していると見て取ったら、話の九割は既知情報であっても、初めて知ったかのように、「そうなのですね！」と感心して耳を傾ける。その人を見下げてのテクニックではなく、話し相手の男性の情報解釈に新たな気づきを求め、心から関心を寄せているわけです。

Uさんは、その男性のおかげで、新たなクライアントに出会うことができました。加えて、交友関係の広い年上の女性も紹介してもらい、彼女とたびたび山歩きを楽しむことで、仕事・趣味ともに付き合いの幅を広げつつ、健康づくりも意識できるようになったとか。

またある時は、話し相手の女性が、手ごたえのある人が好きな様子だなと思ったら、返事をする際に、当意即妙なプラスアルファの情報を入れて、相手の知のアップデートに協力する。

Uさんと話したお二人は、そろって「才色兼備のひとと話ができて光栄」と絶賛されていました。なおUさんは、その女性の紹介で、大きな仕事も、見事獲得しました。相手に応じて、何を求めているかを鋭く察知し、それを届けるUさん。相手にとってよいもの、欲しい効果、価値を提供すると、本来の予定は「単なる会食会」であったのに、いつの間にか仕事も得られたりする。

ヘトヘトになるまで走り回る営業活動なしに、ひょいと社長室のドアまで到達することがあるわけです。

このようにUさんは、二兎どころか、それ以上を得ているようにさえ思います。

同時にたくさんを叶えるクレバーな彼女は、登場と同時にラスボスを倒すヒロインのようです。「課題のラスボス」さえ倒せば、些末《さまつ》な問題は解消する、という案件があります。その場合、どれがラスボスかを見抜く眼力を、Uさんは養ってきました。

「一歩ずつ」の言葉で自分を縛らない

「できることから一歩ずつ」と言いながら、課題の些末な枝葉にとらわれて、問題の本質に迫ることを怠れば、本来、一気呵成《かせい》になしえることもできなくなるのではないでしょうか。「一歩ずつ」の言葉で自分を閉じ込め、縛ってしまうことにもなりかねません。

もちろん、一歩一歩正しい目的に向かっての本当に「地道な努力」なら、必ず報われます。だけど、目的地も知らずにやみくもに進んでも、それは無駄な努力になる。一歩一歩、確実に崖に向かっているという場合もあります。

一番大事なのは、ラスボスは何か、正しい目的はどこかを知っておくこと。仕事でいえば、誰がこの案件を成就させるキーパーソンなのかを見定めることが大切です。それを見定める眼力を身に着けるには、最初は「一歩ずつ」本来踏むべきステップを、一段二段……と上っていく。

そんな基本の型の経験を重ねてこそ、一気呵成に高跳びする術が分かるのかもしれません。

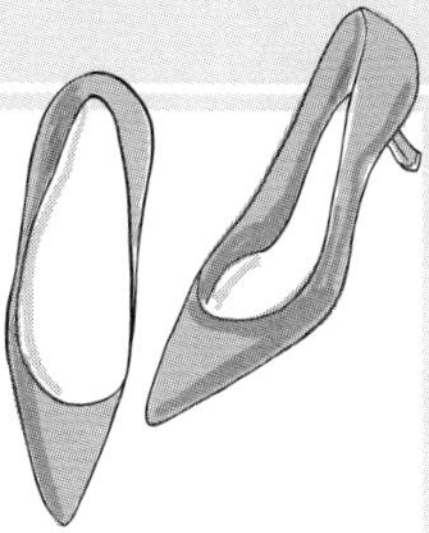

二兎を追うのではなく、
十兎を得られる方法を
考える。

9

「弱さ」が「強さ」に転じる

あなたの弱点はcharm《チャーム》のもとかもしれない

「弱さ」が「強さ」に変容することを教えてくださったのは、スティーヴン・マーフィ重松教授です。

現在スタンフォード大学の心理学の教授で、リーダー育成の専門家でもあるスティーヴン・マーフィ重松先生が来日された際には、ご指南も頂きました。

教授がお優しい笑顔の奥様と二人で座っていらっしゃる姿を近くで拝見するだけで、私は、穏やかな気持ちになったものです。

スティーヴン教授は著書『スタンフォード式　最高のリーダーシップ』[*5]の中で、「自分の『弱さ』を認めるとそれが強さに変わる」経験を述べられています。

それを「金継ぎ」の話を通じて、このように教えてくださっています。

「壊れた器を修復する15世紀に生まれた日本の伝統的な手法で、欠けやひび割れを隠すかわりに、漆に蒔いた金粉で美しく装飾する。傷が逆に価値を生むのだ。

私にはこれが、人間を表しているように思えた。人生でいくら傷ついても、傷を隠すのではなく『自分の大切な部分』にできる。壊れた部分を、目立たないようにする必要はない。それは美しさと強みなのだから」

私自身は、一部、ひび割れてしまったら、全てを投げ出して、粉々にしてゼロから始めてしまいたいという衝動もあります。自分の失敗や弱さを認めたり、見つめたりするのはつらいことだからです。

だけど、自分が「弱さ」だと名づけているものが、他者にとってそうではない、むしろ「チャーム（魅力）」に映る場合もあるのかもしれません。

綻《ほころ》びもチャーム

私の大切な友人のKさんはこう言います。

「私は頼られる側の存在でなくてはならなくって、人を頼っていてはダメなの」

頭脳明晰で容姿端麗。文武両道、リーダー気質。

それゆえか、なにひとつ間違ってはいけないという使命感があるように感じられます。極《ごく》まれなミスにも「想定内（かわいいウソ）」とすずしい顔で、水面下で大急ぎで修復にあたってきたようです。

「早く、どこかで頼ってくれないかしら」と、私は出番待ちです。まれにKさんから、「ひとりじゃできなかったよ。弱くてゴメン」系のSOSサインが出ようものなら、そのチャーム発動に全速力で駆けつける私。

Kさんの思う「弱さ」＝「頼らせて」は、私にはチャームに映っているわけです。「頼らせて」は「チャーム」。

そう気づかせてくれたのは、ひとまわり年下の友達Tさんです。

大きな喪失を経て、つらい思いをしているTさんの力になりたいと私は思っていました。大切な友達を元気づけようと、無い時間をひねり出し、Tさんのところに駆けつけた。

ところが話し始めて約二十分後、私のほうが心身共に切羽詰まる難局に立っていることを見抜かれてしまいました。

「たまには、頼ってくださいね。世話係、引き受けます」

そう言ってくれるTさんに頼らせてもらううちに、お互い元気になってゆきました。

Tさんは言いました。

「あなたが、ちゃんと弱くて、なんだかホッとした。綻《ほころ》びってチャームですよ」

綻びだらけで、弱点ばかりなのを隠したいと思っていたけれど。

綻びだらけだからこそ、信頼する人に頼らせてもらい、明るいほうに向かう。

大切なものを失って、暗闇の中にいるときは、ほのかな明かりを頼らせてもらう。「頼らせて」はチャーム。

そして「頼らせて」は、私にとって相手への褒め言葉なのです。

その傷あとは、
優しさのもと。

10

わたしが選んだ

人生の舵取りをするのはだれ?

「〇〇することになっている」

「〇〇することになったから」

こんな言葉、使っていませんか？

「〇〇することになっております」、なっているというのは、誰が決めたのでしょう。「全体の」方針として「〇〇することになっております」と言っておけば、私の意思じゃない、会社や上司がそう言っている、とそれとなく責任回避することもできるかもしれません。

深い意味があり、そう表現する他ない場合は別として、そうではないのに、「〇〇することになっている」と言うのは、他人のせいにしたい、自分が責任を取りたくない、という心の表れともいえましょう。

複数の会社を経営されている、佐々木かをりさんは、著書の『必ず結果を出す人の伝える技術』[*6]に、このようなことを書かれています。

「以前、『ニュースステーション』のレポーターをさせていただいていたとき、番組司会の久米宏さんは、『次、スポーツをやるつもりでいるんだけど、どうかな……』などといってコマーシャルに入ったり、『今日は、この特集をするつもりだったんですけど』と表現することがありました。『つもり』という言葉を使うことで、ものすごく自主性、主体性、リーダーシップのある雰囲気を作っていたと、思います。毎日番組を見ている方が、『この人が番組を仕切っているんだ』と感じるようになる、サブリミナル効果があったと思います」

もし、付き合っている相手から、「僕たち結婚することになっているから」と言われたら、ぽかんとしませんか。

「結婚するつもりだから」「必ず君を幸せにするから」と言われたらうれしいですが、「結婚することになっております」って、他人が決めたんですか？

あなたがそうすることを選んだのではないの？と尋ねたくなります。

自分で覚悟を決めて、自分で選んだ。

私は今からこういうことを実行します、選んだのです、という意識を込めて、「〇〇するつもりです」と言う必要があるのではないでしょうか。

理由や意義を突き詰める

ある企業の部長さんがおっしゃいました。

「『この業務、どうしてやってるの？ 省けないのかな』と聞いて、『引き継ぎでやることになってましたから』という答えが返ってきた場合、いったん手を止めさせて、それをやる理由や意義を突き詰めてから、その業務を残すかどうかを決めている」と。

「なぜやるのか」を考える。

また、自分が責任を持ってやっている、選んでいる、そういう自覚や覚悟を持つことが大事だということです。

他にも、ある企業の人事部の方で、心理学にも通じている方が言われていました。「人は命令されたことで、腑に落ちないまま意義の分からないことをやり続けると、心を病む」と。

「職場で病んでいる人は、命令されたことを、腑に落ちないままやり続けている傾向があります。

本音を言うと首を切られるのではないか、上司に悪く思われるのではないか、評価が下がるのではないか、と悶々と悩んで、誰にも相談せず、仕事を効果的にするための疑問を投げかけることもせず、やり続けてしまっている。

そうして病んでゆく人を見てきた。

上司は部下に仕事の意義を伝える必要がある。部下の腑に落ちるようにするって、大事ですよ」と。

本当に、内臓深くまで落とし込む、「そのとおりだ」とストンと理解できるものがないといけないということです。

やらされることを選んでしまっていませんか？

上司のせいばかりにするわけにはいきません。部下の立場からすると、腑に落ちないままで、やることを選んだのは自分です。

やらない選択をするなら、

「代案はこれです。いかがでしょうか」と、自分の組織上の立場はわきまえたうえで、上司に相談する道があります。

「やらされた」と被害者意識を持つ前に、解決策を考え、実行するほうがいい。「やらされた」ではなく、「やらされることを選んでいる」のです。

一方で、例えば最初は腑には落ちなかったものの、上司の情熱や本気に感じ入ってやり続けた結果、腑に落ちることもあります。教えられたとおり「はい」とやってみて、本当に必須の任務だったと、後で腑に落ちることもあります。

それとは違い、上司が惰性で指示したことを、腑に落ちないままやり続けて病む場合もあります。後者は残念です。

いずれにしても、選んでいるのは自分です。自分の進む道を選ぶのは自分であり、それを変えていけるのも、自分だということです。

「未来は引力とは違う。我々が避けられない物理の法則とは違う。未来は確定していないし、宿命ではない。未来は現在の結果なのだ。未来を予測することは不可能だけれども、よりよい結果のための舵取りは可能だ」*7

（ジャネット・ウィンターソン　作家）

未来は確定していないし、
宿命ではない。

未来は現在の結果なのだ。 ＊7

（ジャネット・ウィンターソン　作家）

11

すべては心から【1】

心の本質を深く見つめるフィロソフィ

盛和塾[*]で学んだことは、「すべては心に始まり心に終わる」ということ。

稲盛和夫氏（京セラ創業者）が、私たち塾生に重ねて教えてくださった哲学です。

『心。』という著書の中にも、「すべては心に始まり、心に終わる」と書いておられます。


「心に何を描くのか。どんな思いをもち、どんな姿勢で生きるのか。それこそが、人生を決めるもっとも大切なファクターとなる。これは机上の精神論でもなければ、単なる人生訓でもありません。心が現実をつくり、動かしていくのです」[*8]

経営者の勉強会の中でも、徹底的に教えていただいたのは、儲け方のハウツーではなく、まずこの「心」についてでした。

経営塾というと、どのように儲けていくのかがメインテーマだと思われるかもしれません。

しかし、主に心についての話を出されて、稲盛氏いわく、

「自分だけがよければいいという狭量な思いや、人を蹴落としてでも自分だけが利を得ようとする邪《よこしま》な心ではどうなるか？」

「事業を興すときでも新しい仕事に携わるときでも、それが人のためになるか、他を利するものであるか（利他）をまず考える」

と、「利他」の重要性を教えてくださったのです。利他とは「他人を利する」ということで、人々を幸福にすることをいいます。

稲盛氏からの薫陶は、仕事人としての私に必須の哲学であるだけでなく、母として、妻として、その他、私の役割がどんな時であろうと、「人」として貫いていきたい指針です。

順風満帆な時も、困難にぶつかった時も

また、「感謝の心」に貫かれた時間を重ねていくことの大切さも教えていただきました。

常に「ありがとう」と言える心の準備をしておくのだ。「ありがとう」という言葉は「有ること難し」というところから来ている、と。

自分の身にひきあてて考えてみますと、家族だからといってやってもらって当たり前のことは何ひとつ無いはずなのに、夫はいつも私に優しい。

手前味噌で恐縮ですが、夫の口ぐせは「お前が満足して良かった」「お前が喜ばなきゃ意味がない」。

数十年来、右肩上がりに増えるこのせりふを耳にして、「こんな私にありがとう」です。

また、こうも学びました。

困難な状況に陥って、「なぜ、自分がこんな目に？」とうらみつらみで一杯になってしまった時は、

「まいたタネは生える」

「自分の行いによって現れた結果だ」

という事実を忘れている。

もっとひどい結果になってもおかしくない中、最悪の事態をまぬがれたことを思えば、感謝したい相手がたくさんいるのではないでしょうか。

逆に、順風満帆《じゅんぷうまんぱん》な時は当たり前だとうぬぼれて、自分ひとりの成果であるように、驕《おご》り高ぶるとしたら大きな間違い。

例えば自分の仕事のことを振り返っても、私のことを信じて任せてくれている社長のもと、優秀で努力家の部下の皆のおかげで達成できたことばかりですので、

「一緒に居てくれて、働いてくれてありがとう」と、いつも感謝したい気持ちです。

部下の皆にとって私はよき上司でありたい。

スポーツでたとえるなら、試合に勝ったら、

「君たちのがんばりで勝利した」

と言い、負けたら、

「私たちが負けた原因を分析しよう」

と言えるコーチのようでありたい。

反対にこんなコーチにはなりたくない。

試合に勝ったら、

「自分が率いたからだ、やっぱり私の言うとおりにしていたから勝てた」

と言って、負けたら、

「なんで君たちそんな失態をおかしたんだ」

と選手だけの責任にする。

なりたくないとは思いつつ、それが人間の性《さが》なので、決してそうならないよう、私も戒めていきたいと思います。

稲盛氏のご指南で、〝人間の心の本質を深く見つめる〟かけがえのない「フィロソフィ」を教えていただいたご恩を胸に、「思い」を実現させてゆきたいと願っています。

＊盛和塾……京セラ創業者の稲盛和夫氏が、経営者に経営哲学を伝える塾。令和元年末に解散し、現在は各地の後継塾での勉強会が行われている。

すべては心に始まり、
心に終わる。
*8

（稲盛和夫　京セラ創業者）

12

すべては心から【2】

経営でも人生でも大切にしたい「利他の心」

稲盛氏のご指南を通じて私が学んだのは、「なぜ経営に利他の心が必要なのか」についてです。

稲盛氏はよく、研究者や経営者の方々から、次のような質問を受けられたと言われます。

「経営に『利他の心』が大切だ、とあなたは言われるが、熾烈な市場競争により勝敗が決まっていく資本主義社会で、経営者が、『優しい思いやりの心で仕事をしなければならない』などと甘いことを言っていては、経営などできないのではないか」

これに対して稲盛氏は、

「むしろ、経営者が立派な会社経営をしたいと思うならば、他に善かれしと思う利他の心を持ち、心を高めることが不可欠であると考えて会社経営を続けてまいりました」

とのご意向でした。

心を高めることが何よりも大事、とおっしゃったのです。

企業としての目的は、「全社員の物心両面の幸福を追求すること」と学ばせていただいた時に、ハッとさせられました。「顧客ファースト」や「株主の利益」についてはどうなのだろうという疑問も起きましたが、考えてみれば、「経営者に利他の心で育成された従業員が、会社とともに利他の心でお客様に接して価値を届けていけば、お客様も満足し、会社の業績も上がり、株主にも利益が還元されていくのではなかろうか」と納得しました。

今も昔も伝えられる仕事の真髄

稲盛氏からは、

「利他の心こそが資本主義社会を救う」とも教わりました。

江戸時代に、京都で商人道を説いた石田梅岩《ばいがん》は、

「実《まこと》の商人は先も立ち、我も立つことを思うなり」

と言ったそうです。

「本当の商売人というのは、相手も立ち、自分も立つことを思うものである。つまり、相手も喜び、自分も喜ぶということが商いの極意である」

とのことです。

また、滋賀県の近江商人の精神を表す言葉に「三方《さんぽう》よし」があります。「買い手よし」「売り手よし」「世間よし」、これが商人道である。

つまり「利他の心」で経営することは仕事の真髄なのです。

経営に限らず、人生のどの瞬間にも忘れたくないのが、「利他の心」ではないでしょうか。私は朝起きると、子どもたちの寝顔を見ながら、「この子たちの今日を明るく楽しくするにはどう工夫しようかな、どうやって喜ばせようか、ハッピーにしようか」と思いをめぐらします。

新たな遊びの提案をした子どもに、私が賛成をして、子どもの目が輝いた時は、お互いにうれしくなり、「花咲く」ハッピータイムの発現。

職場に行くと、「この仲間たちを、クライアントをどうハッピーにしようか」

とワクワクする。

チャレンジングな仕事の担当に、部下を任命して、彼らの瞳が輝いたら「やりがいを感じてくれた」とうれしくなるし、クライアント企業に新規事業のコンサルティングをして、「おかげ様でプロジェクト成功への道筋が立ちました」と弾んだ声色で告げていただけたら、私もハッピー。

その時、自分がいる場所で私が関わる人の、いい縁になれたらと願っています。

自分も相手も
ハッピーになれる
仕組みを
創りあげよう。

13

簿《ぼ》外《がい》資《し》産《さん》

「誇り」や「感謝」は見えない価値

「簿外資産《ぼがいしさん》」について深く考えさせられたのは、「盛和塾」の勉強会がきっかけです。どういう資産を会社が持っているのかを書くバランスシート。そのバランスシートに現れない資産が、「簿外資産」です。

バランスシートに現れることは、もちろんとても大事。

しかし、「誇り」や「感謝」といった、目に見えないものはバランスシートには現れません。

松下幸之助が創業した世界的企業、パナソニック株式会社は、百年以上続いています。百年以上続いてきた会社は、世界でも日本が最多だそうです。

稲盛フィロソフィ（フィロソフィとは、「こういう考えで生きていけば、充実した幸せな人生を送ることができる」という哲学）の勉強会で、その理由について、作家Kさんが、

「会社に対する誇りであるとか、感謝。お客様への感謝でもあり、その会社にいられることへの感謝かもしれない。そういうのはバランスシートには現れないけ

れど、いわゆる簿外資産にあたるものが、会社を長く続かせようと思ううえでは、とても大事なのかもしれない」

と発言されていました。


例えば、会社の理念。

稲盛氏は、「全従業員の物心両面の幸福を追求する」とおっしゃっています。

日本の会社のみならず、海外の会社にも目を向ければ、マリオット・インターナショナル（ホテル業）は、「何よりも人を大切にします」と公言されている。

「従業員を大切に扱えば、従業員もお客様を大切にするようになります」と。

従業員の視点に立てば、「私たち社員のことを大事に考えてくれる会社だから、ここで頑張って働こう」という思いになるのではないでしょうか。

その感謝の気持ちがあるから、「お客様にも伝播《でんぱ》させよう」「この会社にいる誇りを持って」という思いになる。

大事にする順番こそ、吟味が必要

先日、愛知県のクリニックのスタッフの皆さんへの研修を行う際に、K院長とお話ししました。

K院長は、「このクリニックで働く皆が、誇りと喜びを持って任務できることを重視しています。それによって患者様も、安心して通えるクリニックづくりをしてゆきたい」と語られました。

逆に「お客様は大事に」と言いながら、従業員には冷たく当たるような会社なら、どうなるでしょう。

お客様に対しては優しく笑顔で接するようにと指導するのに、社員に向かっては眉間にシワを寄せて叱咤する。

そうすると、人間としての心のありように一貫性がなくなります。

「どう振る舞うか」の前に、「どういう人間であるか」「どういう心であるか」が最も大事だと考えます。

朝から晩まで、自分の心を見つめて、良い種、素晴らしい心の種をまいていきたい。社員を第一に考えるといった理念が、繁栄の元であるのに変わりはありません。

お客さんに対してはいい顔をするのに、従業員や部下に対しては当たり散らす、そんな職場もあるかもしれません。

一緒に働いている仲間や、縁があって自分の部下になった人たちを大事にせずに、外部にだけいい顔をするような組織なら、

「そんな上司の下では働きたくない、そんな会社にはいたくない」

と社員は去っていきます。

そして、じきにお客様も離れてゆきます。

会社に蓄積してきた知恵やスキルも、どんどん流出してゆき、会社も傾いていくのではないでしょうか。

従業員第一主義が、そのまま「お客様を大事にすること」につながります。

大事にする順番こそ、吟味する必要があると思います。

自分への思いやりが、そのまま他人への思いやりに

我が身に引き当てて考えてみますと、自分に一番近いのは自分自身です。

私は私を思いやれているだろうか？

自分のことは犠牲にしていじめておいて、ズタボロの心身を引きずったままで他人に優しくできるだろうか？

「自分への思いやり」「自分を大切に扱うこと」のひとつが、身なりや表情を整えることです。

姿勢を含めた外見を整えている人に、初対面では好感を抱きませんか。

自分を扱う態度が、そのまま他人を扱う態度になる、自分を大切に扱う人は、他人にも丁寧になると予感しますし、

「この人にならら自分をきちんと扱ってもらえるだろうな」

と感じるからではないでしょうか。

知り合いの画廊を訪れた時のこと。

約束せずに立ち寄ったために、知り合いは不在で、いるのは案内係の女性のみでした。

彼女は私を一瞥《いちべつ》すると、一言挨拶ののち、沈黙。気まずい時間が流れました。

その無愛想の理由は？と自分を振り返ってみれば、私は寝不足で目はうつろ、風邪気味で顔の七割を覆う大判マスクにぐるぐるマフラー。

黒いモコモココートで着膨れたうえに、足元には寒さ対策のレッグウォーマー（毛玉付き）を装着。

まさにズタボロの心身を引きずっての来訪でした。

画廊の女性の目に映る私は、多分、「美しい画廊に不協和音をもたらす不審人物」でしかありません。

そこで、隣の駅ビルで装備一式（マスク、毛玉付きレッグウォーマー、その他）解除して背筋を伸ばし、表情も穏やかに出直したところ、安心してくださったのか、紅茶とお菓子で私を手厚くおもてなし。

絵の詳しい説明をしてくださったのでした。

美しく端整な空間で、背筋を伸ばして、彼女の心地良い声を聞いていると、風邪気味、寝不足の疲れも癒やされたためか、画廊を出たあとは、厚着に戻さずに帰途に就くことができました。

素敵な画廊で働く彼女の「誇り」に寄り添った装いと振る舞いで接する大切さを感じたひとときでした。

簿外資産の話でいえば、「誇り」とか「感謝」とか、

「自分を大事にし、他人も大事にする」。

それが大きな資産。

そんな「簿外資産」を大事にしてゆきたいと思います。

あなたの持つ
見えない価値を育てよう。

特別対談

親子で花の種をまく

子どものハッピーに向けて、親ができること

私には、中一の娘、小四の息子（執筆時点）がいます。

よく聞くフレーズ、「親の敷いたレールの上を子どもに走らせる」。

このレール問題についての私の考え方はこうです。

敷いたほうがいいレールと、いらぬレールがある。

基本的生活習慣を身につけさせる、「感謝」や「思いやりの心」を大切にするなど、生きるのに不可欠なレールを敷くのは大切。

「他人のよいところを発見して褒める」習慣、これは「いいレール」だと思います。

他人が成功したのを見て、親が、ネタミソネミを露わにするか、「すごい！きっと工夫、努力をされたんだろうね」と子どもに話しかけるかで、子どもの受け止め方の習慣、敷かれるレールが変わってくることもあるでしょう。

では、敷かないでいいレールとは何か？

それを知るには、レールを敷こうとしている時の、自分の心を深く見つめることが、鍵になると考えます。

心療内科医の明橋大二先生は、『子育てハッピーアドバイス2』に、「子育てには、いろいろな考え方があると思いますが、どんな場合でもこれだけは忘れてはいけないということは――子どもを、自分の持ち物のように思わない、ということ」[*9]と述べられています。

子どもは、親のアクセサリーではありません。

「今、このレールを敷こうとしているのは、子どものハッピーを願ってのことだろうか？　それとも、親の自己満足のためなのか？

すなわち、〝こんな、他人も羨むレールの上を走れる子どもを持っている『私』であると、他人に認めさせるため〟ではないか？

そのために敷かれるレールは、子には迷惑」

このように、私自身、自戒しています。

「子どものハッピーに向けて、親ができることって何だろう？」

これを私が考えるときに、ヒントをもらうのが、西林さん母娘です。

西林さん母娘とは、娘さんの咲音《さきね》さんが高校生の時に出会いました。

咲音さんは、アプリ甲子園のファイナリストに選ばれ、平成三十年に、第二十三回国際女性ビジネス会議に最年少（高三）で登壇。

この会議に出席していた私は、西林さん母娘と縁あって、お付き合いが始まりました。

お母さまが、ひたすらに娘さんのハッピーを願われ、絶妙な距離感で咲音さんを応援している姿を、私も見習いたい。

そんな西林さん母娘にインタビューする機会に恵まれたので、「親子でハッピー」の秘訣をお聞きしてみました。

西林《にしばやし》咲音《さきね》さん　プロフィール

平成26年
中2夏休みにITキャンプに参加し、
プログラミングを始める。

平成28年、29年
中高生アプリ甲子園で
全国決勝大会に出場。

平成30年
第23回国際女性ビジネス会議に、
世界最高齢プログラマー・
若宮正子さんとともに、
最年少で登壇（高3）。
「calm」というヘルスケアの
アプリをリリース。

現在、慶應義塾大学環境情報学部
環境情報学科2年生。

西林さん母娘

新　谷▼▼▼プログラミングについての講演会に登壇するなど、ますます活躍の幅を広げている咲音さん、とても楽しそうです。どうしたら、子どもが楽しく柔軟に、自分の強みを発揮してゆけるか。咲音さんが成長されるうえで、お母さまはどんな支え方をされてきたのでしょうか？

咲音さん母▼彼女はすごく努力家なんですよ。やるって決めたことを絶対にやるので、親ながらそれはすごいなと尊敬していました。本当に諦めないいんです。普通、ちょっとやってできないと、やめちゃうかなと思うんですけど、多分ゴールから入るタイプで、そこに行くためには頑張る。だからあまり興味がないことは、勧めても全然、見向きもしない感じでした。

新　谷▼▼▼例えば、勧められたけど、私は向いてないわ、と思ったことって咲音さんにあるのですか。

咲音さん▼▼実は中一のときに、母から「プログラミングをやったらいい」と言われたんですけど、興味ないよって断りました。話を聞いたことも忘れていて。
二年生になって、母のところにIT合宿のチラシを持って行って「これやりたい」と言ったら、「去年、やってみたらって勧めたよね」と言われて、そうだったかな？と。

新　谷▼▼▼そのIT合宿がきっかけでプログラミングを始めて、中高生アプリ甲子園でファイナリストに選ばれるまでになったわけですね。

咲音さん▼▼興味がないことは本当にやらないし、できないんですけど、やりたいって思ったことでできなかったことはない気がします。

咲音さん母▼やり始める前は、私から「やりたいって言ったよね、頑張ろうね」ということは言いました。やり始めてからは、無理して続けていないか気がかりで、「やめようか」という提案も。

咲音さん▼▼「やめたら？」って何回も聞かれました（笑）

咲音さん母▼若いママたちに「何の習い事がいいですか？」って聞かれるんですけ

ど、本人がやりたいと思えることはやらせてみて、ダメだと分かったらすぐにやめる。それはすごく大事だと思うんですね。やってみたいと思っていたけど、やってみたら思っていたのと違ったとか、楽しくないとか、いろいろあると思うので。

やめさせると、それがクセになって、何をやっても続かない子になってしまうんじゃないかと親は心配するんですけど、いろいろと経験しておくと、何年か経って、ふとその時が来て、またやり始めたりすることもあるかもしれないですし。

「弱さ」を「強さ」に転じる

新谷▼▼▼大事なのが、「弱さ」を「強さ」に転じることだと、私は思うんですよ。
咲音さん自身、体調のこととか、一見すると「弱さ」のように思えることをステップに、素晴らしいアプリを開発されている。それがまさに、自分の辛かった点を、自分の「強み」に変えておられるな、と思います。

咲音さん▼▼はい、私は小学五年生から偏頭痛の強い発作があり、ネガティブになることも多かったんです。人って誰しも短所があると思います。それも一つじゃなくて、たくさんあって。その短所があることで、自分はダメなんだと思ったり、短所は無くさなきゃいけないと思ったりしてしまう。でも、短所を無くすというのはすご

く難しいことで、遠い道のりだし、その過程は結構辛いものだったりするんですよね。その短所も含めて自分だと受け入れて、活かせるものは長所に変えていくことが、私はとても大事だと思っています。持病以外でも、本当に物事は捉《とら》え方次第。自分では短所だと思っていたことが、周りから見たら実は素敵なことだったりするわけで。結構、人は無いものねだりなところがある。自分にとっての短所が、全て短所なわけではないし、それを活かすチャンスはいっぱいあって、弱みというのを悲観的に捉えないことが、すごく大事かなと思います。

新谷▼▼▼弱さが強さの元だな、と思います。それをどう捉えるか、どう育てていこうと思えるか。それを理解してくれる人と縁があるか、というのも大事ですよね。咲音さんには、お母さまという理解者がいらっしゃってハッピーですね。

咲きたい場所に咲いてゆけたら

新　谷▼▼▼置かれた場所で咲くということが大事である一方、自分が咲きたい場所に身を置く、というのが大切だと思うんです。例えば、仕事環境一つ取ってみても、自分自身が心地よく思いや考えをやり取りして、高め合える相手がいる場所に、自分の身を持っていく。そうしてゆけたらハッピーですね。

咲音さん▼▼ほんとうに、そう思います。私は新谷さんとお話ししていると、共感も同感もすることばかりです。私も、まず自分が咲きたい場所に身を置くということが大事だと思っています。

どんな選択をするときも、いくつも先まで考えて、この話を受ければ、自分が行きたい今後のキャリアだったり、大学に繋がったりというのが見えるからこそ、そこに力を注げるということもあります。ただ、全力で力を注いでいったとしても、自分の咲きたい場所に、すべての人が思うように身を持って行けるわけではないと思っていて。自分の環境を必ずしも誰もが選べるわけではない、全てが努力で叶うわけではない、というのも認識しているので、そうなったときには置かれた場所で咲くということも大事になると思っています。

そこで、自分は本当はこんなところにいたくなかった、と悲観的に捉えても全く良いことはないので、だったらここで何ができるだろうかと考えていく、切り替えていく、というのは大事だと思います。

新谷▼▼▼日々の生活の中で、何度もチャンスが怖くて手離してしまいそうになりながらも、なるべく多くのチャンスを摑《つか》むようにして生きてきました。「自分自身が選択して、自分で行動する」を積み重ね、自信や責任が芽生え、より大きなチャンスと巡り会ってきたように思います。

そのように、チャンスを捉えて、咲きたい場所に咲いてゆけたら素敵です。

子どもが自分らしく伸びる 絶妙な距離感って？

14

4年目のアマリリス

咲きたい場所に咲きましょう

「置かれた場所で咲きましょう」という指南も大事な心得である一方、「置かれた場所」が合わなかった場合、「咲きたい場所に移動する」「縁（環境）を選んでいく」ことが大切ではないでしょうか？

（あなたという）花のタネを埋め込んだ鉢植えが置かれた場所で、水やり担当の人が、一日十回もなみなみと水を注ぐ人だったら、タネが浮いてきて、発芽すらできないかもしれません。

一方、一日二回、適量の水が注がれる場所に移動でき、「日当たりのよい場である」「風通しがよい」などの条件も揃《そろ》えば、美しい花を咲かせることがかないます。それと同じように、「自分が生きやすい場所」「咲きたい場所」を、選んでいきたいものです。

私が咲きたい場所ってどんな場所だろうか？

「咲く」という意味の一つが、「喜びいっぱいに生きる」ということだとしたら、「どんな人と、どんな関係性を紡げる場所に自分がいたならば、喜びいっぱい、目的に集中して生きていけるか」という問いともいえましょう。

私が居場所に選んだのは、夫の実家、京都です。

結婚してみたら、同居者は義父母と義祖母、そして近場には、関係が密で行き来も多い親戚の面々。周囲からは「勇気ある選択」との言葉を贈られた私。

「アノ嫁」が「アノ場」にいつまで居られることか、とささやかれていた中、居心地よく居座り続けて十数年。

この鮮やかな朱色を忘れない

私にとって恵まれていたことのひとつは、義母が「咲かせ上手」であることかもしれません。

義母の得意技は「アマリリスを復活させること」です。

「もうこのアマリリスの球根は、死んでしまったかもしれない」

家族皆が手離そうとした、そんな球根を、義母は見捨てず、季節に応じて置く場所を変えたり、ケアを尽くしたりして、四年目のこと。

なんと、茎がみるみる伸びてきて、鉢植えの中のアマリリスが、朱色の大輪の花を咲かせたのです。

義母の慈《いつく》しみの気持ちと努力が実った瞬間、私は「この鮮やかな朱色を忘れない」と心が震えました。

息子と娘に「集合！」をかけて、美しい朱色を楽しみました。

植物のみならず、人に対してはなおさら、慈しみの気持ちを発揮する義母だと感じますから、私は大人になってなお、義母と実母の両方に育てられている「娘」時代を享受しているのかもしれません。

もうひとつの「恵まれごと」は、私の義姉（義兄の嫁）が、「うつやかな人（美しく、淑《しと》やかな人）」であること。彼女には、自己の内面を見つめている人特有の落ち着きがあるので、彼女と話をすると、私はホッとします。

「女の味方は女」としみじみ感じる。

もちろん、義母、義姉、私とは、性格も趣味も得意分野も、何もかもが違っています。違っているからこそ、接することで思考のスイッチを切り替えるきっつかけがもらえますし、もらった気づきを、新たな行動に落とし込むチャンスが生まれます。身近に、広く多様な文脈があることを、お互いに活かしあって「life」を紡いでいる、そんな関係性だと思っています。

「置かれた場所に咲く」

「咲きたい場所に身を置く」

いずれにせよ大事なのは、自分が「選ぶ」ことであり、「自分」と「場所」が、互いにハッピーに活かし合えるよう、関係を「設計」していくことではないでしょうか？

咲きたい場所に、皆美しく咲けますように。

咲きたい場所は
わたしが選ぶ。

15

「年下でも先生」

役割や年齢の囲いから抜け出よう

西林咲音さん（前出の特別対談で紹介）は、「新谷さんは、私にとってメンターです」と言ってくださる一方、私にしてみれば「咲音さんは、私のメンター」。年下であっても、ある面では、私の「先生」なのです。

咲音さんのお母さまも、「娘にいろいろと教えられる思いがします」とおっしゃいます。

私も自分と子どもの関係を振り返ってみました。

十数年前、生まれたての赤ん坊を抱いた時に、「私が産んだんだなあ……」と泣けてきて、「私が守らなきゃ、一分でも放っておいたら、この赤ん坊は生きていけない」と使命感に駆り立てられたものです。

「私は『母』なんだから、子どもを導く存在であり、頼られる存在でありたい」そういう「熱い」思いをフツフツと抱くうちに、いつの間にか「役割性格」の囲いから抜け出られなくなり、「しつけ」の名のもとに「おしつけ」もしたことがあった気がします。

十数年を経て、今や私が娘や息子にはかなわない分野も、数多く出てきました。娘が難なく数百回も回すフラフープも、私は二回で地面に落下、子たちが乗りこなす一輪車も、私には未知の乗り物。

走ってもはや追いつけず。

物事の捉え方においても、子どもの発想の柔軟さや客観性に驚かされることがあります。

先日、中一の娘の「Aさんが私に○○と言った」というセリフを聞くなり、「えっ、○○だなんて、どういうこと！」と語気を強めた私に、娘は言いました。

「Aさんは、私の悪口を言ってるわけじゃないんだから、お母さんは、腹を立てなくていい。〝○○〟という点は当たっているかもしれないから、私は変えようと思う」

この話を聞いていた息子（小四）にも、

「お母さんは子どものことになると目の色変わるから、もうちょっと落ち着いて。お母さんは大人なのに子どもやなぁ」

とたしなめられる始末。私は困った生徒です。

頼り頼られ

「年下でも先生」

その言葉を繰り返されていたのは、長年、新聞記者としてご活躍、勤めあげられたKさんです。

縁あって私の勉強会を楽しみに訪れてくださるようになり、五十歳以上年下の私のことを「先生」と呼ばれるので、

「Kさんこそ、先生、ですのに恐縮です」

とある時申し上げると、

「私の知りたい分野について大切なお話をしてくださるんですから、どんなに年若くても〝先生〟ですよ」

と恥ずかしそうに微笑まれたKさん。

御年九十を超えられ、足を痛められてからは、Kさんの娘さんが車で送迎してくださるようになりました。

ある時、娘さんに、

「お父さまにたびたび文章指南を頂いている私のほうが出向いて当然ですのに……」

とお礼を述べると、彼女は、

「イキイキしている父の姿が見られてうれしい」

と、Kさんが九十代で亡くなられるまでずっと応援してくださいました。

お父さまへの尊敬といたわりに満ちたその姿が忘れられません。

頼り頼られ、
育て育てられて、
甘えてみたら。

16

誰かに傘《かさ》を

通りすがりの誰かにさえ、守られることがある

「傘《かさ》を持っていることと、雨に濡れないことは違う」

傘を持っていても、ささなければ濡れてしまいます。


二十年以上前、仕事で大きなミスをした。

その時の上司に顚末を報告、お詫びをすると、上司は、怒るでもなく私を叱るでもなく、「……分かったよ」と一言だった。

それが一番身にこたえた。

事務所から駅に向かって、茫然自失の体《てい》で歩いていた。

そこに雨がザーッと降ってきたのです。

傘を持っていたのですが、開く気力がなかった。

肩を落として、足を引きずりながら、雨に打たれつつ、とぼとぼ歩いていたら、
車がスーッと幅寄せしてきて……。

車が停まると、運転席から、スーツ姿の五十代くらいの男性が出てきて、大きな、濃い青色の傘を私の目の前で開いたのです。

私はその音にハッと目の覚める思いがしました。

男性は、「ハイ」と言って、その傘の柄を私に持たせてくれました。

「傘、持ってるんです、私」

それは知ってますよ、とその紳士はおっしゃった。

「でもね、傘を持っててもね、ささないと、濡れますよ。この傘をあなたにあげます」

と言われたのです。

どこまで行かれるのですか?と聞かれて、○○駅ですと答えたら、

「僕は当然、車に乗せて、駅まで連れていくことはできます。その先の目的地まで乗せていくこともできます。だけど、あなたは多分、断るでしょ？　……なので、傘をあげます。

この傘はとてもいい傘ですよ。大きい傘です。あなたをスッポリ包み込みます。

作りもしっかりしている。

だからあなたにあげようと思ったのですよ」

そう言ってほほ笑んでくれた紳士の目尻のシワと、眉間のシワがとても美しかったことを、今も覚えています。

ぽかんとしている間に、

「そっちの傘いらないでしょ、替えっこしましょう」

と言って、持っていかれたのです。

私が開かなかった傘、小さくて赤い傘を。

「それじゃあまた」

と告げて、紳士は車で走り去りました。


「それじゃあ〝また〟……」って、もう会えないのだけど……と心の中でつぶやきながら、小さな赤い傘を手離した代わりに、大きな青い傘に守られて、駅まで顔を上げて歩きました。

駅に着く頃には、「ここからまた立ち直ろう、いい種まき直そう」という気持ちに変わっていました。

私が犯した過ちなのに、上司は私を責めなかった。
そのおかげで、過ちの原因を見つめる心の余白をもらえました。
上司は私の「傘」になってくれたのだと思います。

そして見知らぬ人に、青くて大きな傘をもらった。
この二人に「ありがとう」を、二十年以上経った今でも言いたい。

私もこんなふうに、誰かに傘をさしかけられる人になりたい、大切な人の傘になりたい、そう思って雨の日を過ごしています。

こころの傘を
さしかける。

17

ホホホの女

美しき誤解で女性は育てられる

気がついたらひとりぼっち。

小学四年生ぐらいまでは、寂寞《せきばく》とした生活であったことを記憶しています。

「ひっそり」が似合う学校生活、クモを追いかける日常（注：丘の上で空に流れる雲を追いかける青春系の意味ではなく、小学校の廊下をはうクモを四つんばいになって追いかけるのが趣味、の意）。

活発で人気者のM下君を内心、うらやみながらも「友達づくり、私にはムリ」と思っていた気がします。

見かねた担任の先生が私に読書と朗読を勧めてくださいました。

先生推し小説の登場人物が「ホホホ」と笑う少女であったので、「ホホホ」朗読を繰り返すうち、「ホホホ」をマスターいたしました。

そしてついに、ホホホ効果が対人関係に発揮される日が来たのは、その数年あとのこと。

「典子ちゃんは、S美さん（小説の主人公・気高い乙女設定）に似てる」

そう言って、チヤホヤしてくれる近所のお兄さんが現れたのです。

「走るクモを追いかける日常」から抜け出る転機となったのが、このホホホパワーでした。

S美さんは、立ち居振る舞いも所作も美しい、という小説設定。

お兄さんの目には、何かあるたびにホホホと笑うような、この人に似て映っているのね、と思うとウットリ。

「美しい、麗しいイメージを裏切ってはいけない」と、そのイメージに自分を近づけるよう努力した記憶があります。

この「ホホホレッスン」により、顔のまわりの筋肉が笑顔向きに鍛えられ、穏やかな顔に変化した……ような気がしています。

「ホホホ」をもうひとつ。

大人になってからのこと。

尊敬する同い年の男性に、『草枕』(夏目漱石)の「那美さんに似てる」と言われた。

那美さんといえば、こちらもまた「ホホホ」と笑う女。悟りと迷いが一軒の家にけんかをしながら同居している体《てい》の娘。

夏目漱石の恋の相手を那美のモデルにした説もあるようで、私にとっては、そう言ってくれた「ミスター・パーフェクト」ともいえる、彼の「那美さん似」説を良きに解釈しつつ、「ピグマリオン効果」*を活かし、「ホホホ道」を行くことにしたのでした。

言葉の力に導かれて

ピグマリオン効果といえば、「ラ・マンチャの男」。

ラ・マンチャの男――自分のことをドン・キホーテだと思っている男が、「あばずれ娘」アルドンサのことをドルシネア姫だと思い込んで接した。

するとアルドンサは、

「私はねぇ、こんな女よ、あんたどうかしてんのよ、私なんかドルシネアじゃない」

とはねつける。

何回言っても、男は「美しい誤解」を解かず、「あなたはドルシネア姫、気高き魂」と、彼女に姫として接しました。

すると、いつの間にか、アルドンサの振る舞いが、「ドルシネア姫」の名にふさわしい人になろう、と気高く変わっていった。

「あなたは私の気高き姫」

とささやかれ続けたら、どうでしょう。

「ささやき百遍、意おのずから通ず」とでも申しましょうか。

言葉の力に導かれる。

きっかけが美しい誤解や優しいウソであったとしても、自分の背景に金屏風をバーンと立てられたら、この金屏風に似合う人にならなきゃ、と思う。

相手の眼に映っている絵姿に向けて自分を近づけていこう、という心持ちになる。

例えば、家庭でも職場でも、信頼されると「最高の状態で頑張ろう」という気持ちになれます。

育成においても非常に大事なことです。

正論で人を傷つけることもある

こんな体験を、Bさん（三十代女性）から聞きました。

上司（A課長・男性）が、ミスをした部下Bさんに対して、眉間にシワを寄せ、こう叱責した。

「何やってるんだ、これだからおまえはダメだ。おまえらしい失敗だな」

A課長は、人を見る目が非常に鋭くて、緻密《ちみつ》な現状分析ができる。

相手の弱点をえぐり出して指導をする力が高いことで定評がある上司。

優秀なプレイヤーであるA課長が言うことは「正論」。

しかしある意味で、その「正しさ」で人を傷つける。

怒られたBさんは、落ち込んだし、立ち直れない。

一方、C部長は、同じ失敗に対して「どうしたの？　Bさんらしくないね」と心配顔で言った。

Bさんは、もうそれがうれしくて涙が出た。

「どうしたの、あなたらしくないね」と言われて、「私の力を期待してくださっているんだなぁ」と思った。

C部長は続けて言った。

「Bさんは、普段だったらこんな失敗をするわけがないから、何か理由があったのだろう」と。

「C部長が自分のことを信頼してくれているのだから頑張ろう、ダメダメな私を変えたいと、心から思ったんです」と、Bさんは振り返っていました。

Bさんは、今や社内で頭角を現している社員です。

念のため、Bさんを叱責したA課長に話を聞いてみると、A課長いわく、

「今まで担当した男性部下は、叱責すると発奮して、悔しさをバネに向上していた。だからBさんにも、期待して、同じように接して育成しようとしたつもり」と言うのです。

人によって、頑張りスイッチが違うこともあります。男女の脳の違いによっても、適した育成の違いに大まかな傾向があると言われます。

「何やってんだ、これだからおまえは！」と発言する人でも、根底に相手の成長を思う優しさがある場合と、単なる見下しの場合と、心模様はいろいろ。

A課長ってば、なんて不器用なの、とせつなくなりました。

「Bさんを育成したい」という思いがあっても、その表し方のまずさゆえに、伝わっていません。

「思って」いても、「言わ」ねば伝わらないし、「言った」としても、その言葉で相手の行動を引き出せなければ、本当に「伝わった」とは言わない。

人は、動きたい、変わりたい、という内なる欲求からでないと、なかなか変われないもの。

組織の上下関係を笠に強制しても、面従腹背《めんじゅうふくはい》になりかねないのです。

厳しい言葉の底にある上司の温かい気持ちが部下に伝わりますように。


たとえその期待が「美しい誤解」であったとしても、信じてくれる人に報いようとか、褒められたいという気持ちを縁に、人は育ってゆく。

私を「ホホホの女」だと思い込んでくれた人たちに育てられて、今がある。

時には「ホホホ」に「野蛮」をひとさじ。

自分なりのスパイスを加えながら、「美しき誤解」を「ほんとう」にしてゆく道のりも楽しいものです。


*ピグマリオン効果……教師が期待することによって、生徒の成績が向上したという実験から、人間は期待されたとおりの成果を出すという心理的効果。

美しき誤解は
新しい自分をつくる
サプリメント。

18

life《ライフ》

時間は命

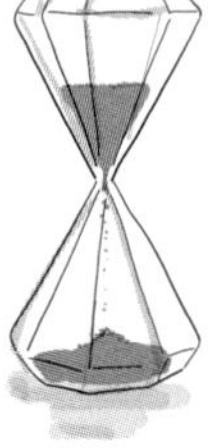

私は三人きょうだいの長女でした。

二歳下の弟と、四歳下の妹は、ちやほやされる「光」担当。

私は「影」。

弟は運動能力が高いし、妹はピアノもバレエも賢さも、すべて私より優れていました。

妹と私は行動を共にすることが多かったのですが、各地で妹ばかりがちやほやされる。

近所のお兄ちゃんは特にあからさまで、妹にはすごく優しい。

「かわいいかわいい」と言って、妹にばかりお菓子をくれるのでした。

「美って正義」と幼心に実感しました。

しかも美しいうえに妹は優しい。後で、その戦利品のお菓子を私に分けてくれたのです。

生まれ持っての端正な顔は、強いカード。

そんなカードを持たない私は、後天的な努力でカバーすることを試みました。

例えば英語の勉強。

幸いよき師に恵まれ、英語弁論の技を磨いて、大会でそれなりの成果を収めました。

ところがその分野でも、妹にあっさりと追い抜かれるのでした。

「こんなに何でもできて、人にも愛される女の子でいられて、幸せだろうなあ」

と、うらやましくも、誇りに思ったものです。


そんな妹が、突然の病に冒され、十八歳になった年に亡くなりました。

妹の闘病中、いろいろな話をしたことを覚えています。

「たくさんのことを知るよりも、本当に大事なことを一つ知っているほうがいい」

二人で語り合った言葉です。

妹の部屋には、学業や芸術分野で贈られたトロフィーや賞状がたくさん飾ってありました。それらを指さしながら妹は、

「死ぬ時は、持って行けないのにね」

とつぶやいていました。

「私は本当に成し遂げなきゃならないことを、成し遂げられたんだろうか」

ひつぎに納められ、いっぱいの花に囲まれた、妹の美しいすがたかたちも、火葬場を経て私の手元に留まったのは、ひとつまみの白骨でしかありませんでした。

人は何のために生きるのか。

仕事するために生まれてきたわけではない。

「今死が来ても、後悔はない？」と振り返った時に、ワーク・ライフ・インテグレーションの本質は何かを、問わずにはいられません。

「生まれてきたのはこのためだった」と心から満足できるもの、生きる目的に連ならない「ワーク」は、私にとっては、時間、命を使うに値しない。

「時間」って命です。

私が尊敬する弁護士のKさんは、こうおっしゃっています。

「時間の価値を知るには、我々に与えられた時間に限りがある、つまり、必ず死ななければならないという厳粛な事実を自覚する必要がある。

必ず死ぬということは頭で分かっていても、心では分かっていない。

『いつか死ぬけれども、今日や明日、死ぬことはない』とみんな思っている。

今日も明日も死なないのが本当なら、世の中に死ぬ人は存在しない。

我々の本心は、いつまでも生きておれるし、時間は無限にあると思っている。

だから、時間の無駄遣いに気づかないのだ。

忙しい忙しいと走り回っているうちに、どんどん月日が過ぎ去っていく。

今やっていることは命をつぎ込む価値のあるものか、自らに問いかけなければならない」


私が「ワーク・ライフ・インテグレーション」という言葉を前にして忘れたくないのは、「今、この瞬間、瞬間に、本当にこの人生『ライフ』で達成しなければならない『ワーク』に私は命をつぎ込んでいるのかどうか」。

忘れたくない視点です。

今やっていることは、
命を使う価値のあるもの？

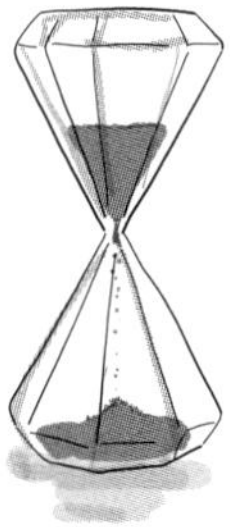

19

8時間目は入浴《にゅーよーく》

お風呂場は学び場

生後四カ月の息子が寝ない案件。

一時間以上続けて寝ない。授乳、げっぷさせて、おむつも替え、抱っこして、背中をトントン……ウトウトしだし……。

寝たかと思ったら、私のくしゃみに驚いて目を覚まし、また起きる……。

こんな状況が三歳ぐらいまで続きました。

息子が寝たかと思ったら、次は三歳上の娘が起きだして。

息子が五歳の時には、アトピー性皮膚炎と診断され、親子して寝られない生活が続くようになりました。

寝ついたかな……？　で、三十分経ったら「かゆい」とかきむしりだし、なかなか寝られない息子。

お風呂の時間がまた苦痛。

かき傷がすごくしみるらしく、洗うのがつらい。かなりただれてしまっていたので、息子も、お姉ちゃんはつるつるでいいな、とうらやんでいた。

「幼稚園もしんどいからやめたい。でもお母さんはＰＴＡ会長だから、オレがやめたら皆に迷惑かかるのかなあ……」と言っていたぐらいです。

そんなこと心配しなくていいのに、と泣けてきました。

幼稚園の先生、ママ友の支えもあり、何とか卒園まで通えました。

小学一年生の時には、体の八割を包帯で覆っていました。

保護するために、かきむしらないために、薬を塗って包帯して。

その後入院もし、退院したものの、包帯をしてやっと学校に通っていた小二の時のこと。

「友達からアトピーマンって言われた」

淡々と語る息子の言葉を聞いて、私は胸が締めつけられました。

「その子誰？　……名前を教えて」

私の静かな怒りを察知したのか、息子は、

「お母さんに言ったら、その子をフルボッコにするやろ、だから名前は教えられない」

娘いわく、お母さんは子どものことになると感情的になる。子ども同士の争いには出ちゃだめ、そもそも「争い」レベルではない話。

息子いわく、アトピーであるのは事実。だから何？と相手に問い返すと、彼は何も言い返さなかった。四時間目の授業中に、彼にケシゴムを貸したら、「ありがとう」と言っていた。悪いやつじゃない、と。

その話を聞いて、ボロボロ涙を流した私に、ヨシヨシしてくれた娘と息子の手のひらの感触は忘れられない。

さらに上手に年下男子を統《す》べる娘のおかげで、息子と友達のいざこざも無くなり私が出る幕はなかった。

その他のいざこざも、姉弟だけで、たいていは解決した。

そこには、小学校の先生のさりげない見守りもあったに違いない。

親が出ていって、解決する、という季節は、とっくに終わっていたのでした。

「子どもというのは、守られるべき弱き存在」という認識も違っていたのだなと教えられました。

息子は、小三まではかきむしった傷で手がしみて、カバンも持てない状態でしたが、小学四年生の現在は、家族内で一番の美肌になり、今では私の冬場の肌荒れを心配してくれています。

あんなにお風呂がイヤだと泣いて、入浴の時間が憂鬱だったのに……。

ある日息子が「お風呂って気持ちいいものなんやね」とつぶやいたのです。

「お風呂が気持ちいいって、そんなにうれしいんだ」

と、私はその幸せに泣きました。

現在、息子はお風呂での遊びに凝っています。

浴槽内でバシャバシャと四股《しこ》踏みをしたり、湯船にダイブして「ビターン！」という音の大きさを楽しんだり。

まるで、腹ダイブで愛を伝える、ムンクイトマキエイのごとし。

「ムンクイトマキエイは、あのビターンの音が大きければ大きいほどキューアイ(求愛)がうまくいくらしい」(息子の情報源は『続ざんねんないきもの事典』)

私の時間割の八時間目の科目は「入浴」。息子に教えてもらった学びでした。

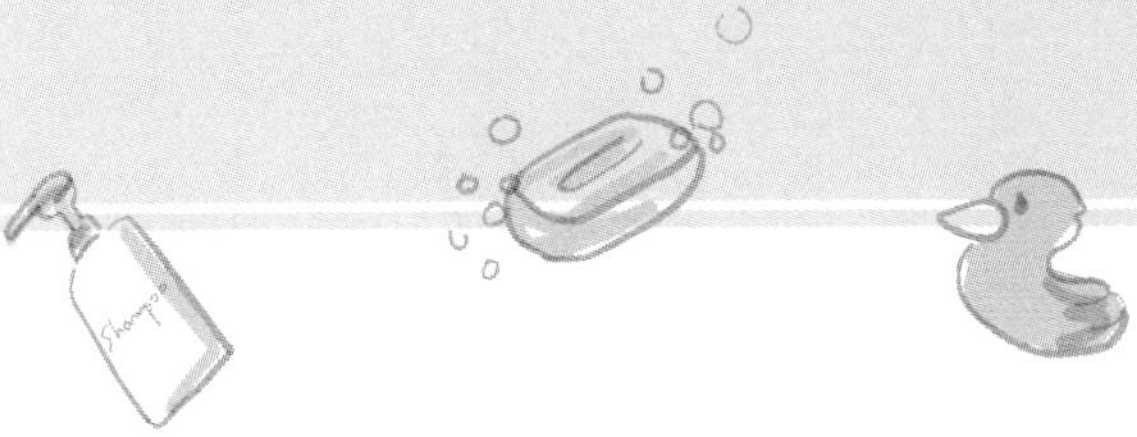

人生で大切なことの
たくさんは、
お風呂場で学んだ。

20

あなたのために

「For you」か「For me」か？

「あなたのために」美しい響きです。

For you.

あなたのために。

心で思っている時は輝いているこの言葉を声高に口にした途端に、輝きが鈍る感じがしてしまうのはなぜだろう?と振り返ってみました。

例えば地方公演の歌手が「ファンの皆さま方のために、ここまで参りました」と言うとします。

ファンの皆さまのため（For you）？

いいえ、お客さんのためだけだったら、チケット代取らないでしょう。

多くの「For you」は「For me」。

「私がここに来たのは私のため(For me)。ファンの皆さんに会いたくて」と言った歌手もいました。

「私がやりたくて、やっている」

大学時代の先輩T子さんは、毎日会っているのに、週に三通手紙をくれた。
落ち込んでいる時には、道標《みちしるべ》になるような手紙をくれたので、暗いトンネルを
抜けたような気持ちになりました。
ある時、お礼を伝えると、T子さんは、
「私が書きたくて書いただけ」
とそっけなく返されたのが、かえってうれしかったことを覚えています。
そしてこの本も、私が書きたいから書いているのです。

恨む相手を間違えていませんか？

「あなたのために、ために、ために」

と子どもに言うことはありませんか？

「あなたのためを思って、あの学校を選んだのよ」

本当に子どものためでしょうか。

私の義母は、背中の手術と心臓の手術をして、今コルセットをしています。

体が曲がらないので、時々、私が靴下を履かせたり、足の爪を切ったりします。

義母は「ごめんね、ありがとう」と言ってくれるのだけど、私はやりたくてやっているから、義母は謝る必要はないのです。

「私、結構爪切り上手でしょう」

と言うと、

「ほんと上手いな」

などと感心されて、私は喜んでいます。

義務ではなく、自分がやりたくてやっている、それだけ。

子ども、友人、家族、相手が誰であれ、私がそうしたくてやった、受け取る受け取らないは相手に任せる。

「あの人に尽くしたのに裏切られた、あんなに一生懸命やったのに」

と恨み言を言う人を目にします。

その人は「あの人」に裏切られたのでしょうか？

その人自身の「願い」に裏切られたのではないでしょうか？

他人に裏切られたのではなくて、

「私はこれだけ尽くしてるから、あの人は振り向いてくれるだろう、見返りがあって当然だよね」

という、〝自分自身の願い〟に裏切られたのではないか、と思います。

好きで勝手に尽くしたのだから、見返りに相手に好かれたいというのは野暮というもの。


「私が、誰々に、何々をしてやった」

この三つを忘れるようにしたいものです。


ただし、「法」に反した裏切り行為は、もちろん厳しく制裁を！です。

裏切られて傷つくのは
「For me」だから。

21

家族の時間割

価値観の違いはチャンス

私の同居家族は七人（夫、娘、息子、義父母、義祖母、私）です。

それぞれと過ごす時間を、うまく調和するように組んでいく。

「複雑な時間割なのでは？」と周囲からは尋ねられます。

私は、公園の設計や遊具の配置をイメージしています。

公園には、すべり台、ジャングルジム、回転ジャングルジム、ブランコ、砂場、いろいろな遊具がある。

どこにどれを置いたら、みんなしっくりくるか、動線よく遊べるか、危険は少ないか、熟慮して配置してあります。

家族のやりたいこと、得意技、食べ物の好みから主な活動時間帯、これらは七人各々違います。

そして性格の不一致、課題はここに極まれり。

不一致はチャンス。だからチャンスはまた、ここに極まれり。

私の価値観に風穴を開けてくれる不協和音、愛ある内輪モメこそ調和のもと。

楽器が違うほうが、豊かな音楽になる。

相手と共に喜び合える仕組み（ハーモニー）を考える

子どもの帰宅後、宿題と義祖母の手伝い、どちらを優先させるか。

今日はどの順で入浴すると効果的か。それぞれ、その時々に、各人が重要視することを果たせるよう補い合っています。

そんなふうに、自分が今、どの役割を果たせば全体がハーモニーするか、うまく組み合わせ、家族の時間割を作っていく。

甘えたい時もあれば、甘えさせたい時

絵：著者の娘さん（中学１年生）
「家族の時間割」

もある。

補い合いつつ、家族の関係も深め育《はぐく》んでゆく。

必要に迫られて、努力工夫した結果、自分の新たな面を発見することも。

「こういう自分もいたんだ、時間が無い、予算が無い、のピンチを乗り越える仕組みを考えるのって楽しい！」と。

ある時、息子が義父と遊んでいる最中、おもちゃのボウリングのボールが壊れた。

「ボールを買いに行く時間がないし」と息子に言い聞かせている私をよそに、義父（じいじ）が丸いカブ（夕食の食材）をボール代わりに転がしているではありませんか。

じいじの「とんち」に助けられました。

じいじ得意技・「カブころがし」（注：株式投資ではない）。

相手の世界観——相手が世界をどんなふうに捉えていて、何を大事にしているのか、それを察知して、理解して、その相手と共に喜び合える仕組みを考える。

仕事上でも家庭生活でも、大切にしている点です。

「何を大事にしていて、何を喜びにしているんだろうか」

子どもといっても、私とは別の人格ですから、私の世界観を押しつけるわけにはいきません。

子どもの瞳に喜びがスパークするその瞬間を見逃したくない。

喜びのみならず、歩き方や背中のたたずまい、ため息や声色に悲しみも語られる。

さらに、目に見えるサインだけではなく、足音を聞いたり肩に触れたり手を握ったりでわかる喜怒哀楽も感じたりして、大切な人たちの世界観をじっくり知ってゆきたい。

そのうえで、相手も自分も喜べる、一緒に成長していける「家族の時間割」を作ってゆきたいと思います。

家族の時間割づくりは、
一人ひとり何を
大事にしているかを
知るところから。

22

97歳バーベル戦略を語る

長年の経験を、味方につける

ある日、同居の九十七歳の義祖母（おおばあば）の紙おむつを捨てるべく、丸めていた時のこと。

おおばあばが、ジーッとこちらを見ながら、

「典子さんのたたみ方は、いまひとつやなぁ。たたむにも、一番の型というものがある。もっと、〝ちんもり〟と！」

と、たたみ方を口頭で指南されました。

そのとおりにしてみると、確かに無駄のないキュッと締まった感じになり、ビフォー・アフターを見て、「これが〝ちんもりと〟ということね」と納得。

うちのおおばあばは、このように下《しも》の世話をされる時も凛《りん》としてかっこいい。孫嫁や曽孫に「すまないね……」という感じはなく、「このようにやってくれんかな」と、毅然とした態度で告げてくれるので、いっそ爽やか。

私も義務ではなく、やりたくてやっているのです。

そんな、おおばあばが、座右の銘としている言葉があります。それは、

「昨日よりは今日、今日よりは明日、一歩でも半歩でも成長しよう、向上しよう

という心がけが大事」
という言葉です。
この言葉を日々、実践しているのがおおばあばです。
小学生の曽孫（私の息子）の漢字ドリルを借りて、字の練習にも勤《いそ》しんでいます。
要介護でありながら、家族の中では軍師のような存在、我が家の総監督。
ある日、
「典子さん、最近はどんな仕事しとるの？」
と尋ねられ、分かりやすく解説する余裕がなかったので、そのままを告げました。
「キャリアのバーベル戦略について、アドバイスを依頼された」
そうすると案の定、「あんたの話は分からん」と指摘されます。
九十七歳の義祖母に伝えるのは難しいと思いつつも、説明してみました。
キャリアのバーベル戦略というのは、ローリスク・ローリターンの仕事と、ハイリスク・ハイリターンの仕事を組み合わせることで、リスクを分散しながら成果を上げる、ビジネス戦略のことです。

会社でプロジェクトを立ち上げる場合も、バーベル戦略をとったほうがいい。

具体的にはどうするか……。

かいつまんで言えばこのような内容を、守秘義務は守りつつ話していたら、

「ふーん、そんなことなら私もやってきた」

と言いだす、おおばあば。

「うちは代々、染物屋をやってきた。でも私は、そのうち和装は減って、呉服はあかんようになるやろうと思って、染物屋も続けつつ、ネクタイを手掛ける会社を作った。私が社長として切り盛りしながら、娘婿《むすめむこ》には婿入り前からしていた企業勤めを続けてもらい、娘にはお茶、お華、和裁の師範の資格も取らせた」

今さらながら知る、おおばあばの歴史。

「そういうことかい？」と。

代々の染物屋と、ネクタイ製造の新規事業を立ち行かせ、かつどれかがダメになっても生活を守るためにリスクを分散させた、おおばあばなりのバーベル戦略だということでしょう。

思わず、「ご講義ありがとうございました」と頭を下げたくなりました。

「そろそろ、水ようかんでも食べたいのう」

と、おおばあば。

「ハイ、今すぐ！」

恐るべし、九十七歳のバーベル戦略。

今は要介護で移動は車イスのおおばあばですが、

「そのうち私は歩けるようになりたい」

という夢を語ります。

大丈夫、きっと歩ける。半歩でも一歩でも。そのうち、走れるようになるかもしれません。

昨日よりは今日。
今日よりは明日。

23

母と義母と義祖母
ハハとハハとハハのハハ

すべてのことは磨き砂

ハハとハハとハハのハハが集結――。

母と義母と義祖母が京都の自宅に集まることになりました。

「どうなることか」と心がざわつきます。

うちの母K子は生粋の熊本人、何でもストレートに表現する性格。

服の趣味は、やや前衛的。

対して、シックな装いを好む義母と義祖母は、京都人。

「ぶぶ漬けでもどうどす？」のなんたるかを伝授する達人です。

三人が一堂に会したら、異業種格闘技さながらの様相を呈するのではないか。

どきどきしながらハハ集結の当日を迎えました。


京都自宅の和室でハハのハハ（義祖母）が口火を切った。

「キラキラしてはりますねえ、K子さん」

そう、母はいつにも増してキラキラしていました。

服のスパンコールの量が、いつもの二割増し。本日、気合いが入っているのでしょうか。

「スパンコールが、ズボンにまで」と目を丸くする義祖母の言葉にかぶせるように、義母が大きめの声で言いました。

「ホホホ……本当に——いい嫁がうちに来てくれて喜んでます」

「ありがとうございます。私も、いい娘だと思ってます」

断言する母に、（「そこはへり下って京都の家ボメが筋ではないか……」）とハラハラしながら、成り行きを見守る私。


間もなく、次のバクダンが投入されました。

「その爪、お米を研ぐ時どうされるの？」

母の、キラキラネイルに目を留めた義祖母が言ったのです。

「取り外せる爪じゃないからこのまま研ぎます」

それを聞いた義祖母が言葉を継ごうとしたのを義母は制して、

「K子さん、毎年達筆の年賀状、ありがとうございます！」

と、七カ月前の年賀状まで引き合いに出しフォロー。

いつの間にか話題は、義祖母が参加予定の高齢者親睦会に移り、出陣に向けての戦略女子会議（平均年齢高め）が始まりました。

「こんな服を着て行ったら、あんな服を着て行ったら」

服の趣味が一致しないゆえの斬新なアイデア満載のブレーンストーミング。

さらに親睦会前日、どのようにカーラーを巻いて寝るかのレッスンまで始まり、盛り上がる女子会。

「親睦会では、若い人が世話してくれる。黒い服を着て化粧もせずに行ったら、その若い人に暗いおばあさんだと思われて、扱いも悪くなるはず。よって顔まわりが明るくなる白系のとっくり着用でレフ板効果を狙う」などが決まり、来たる親睦会にて、おおばあば（義祖母）が楽しい一日を過ごすためのミーティングをとおして、いつのまにかハハとハハとハハのハハが一致団結していました。

その楽しい戦略ミーティングが終わると、話題の焦点は私に移り、典子（嫁・娘）の分析が始まっているではありませんか。

「典子さんは、めげない、強い」、これがハハの会の一致した意見でしたが、私に言わせればハハたちこそ、「めげない。強い」。

その理由は？といえば、ハハたちも私も「すべてのことを善意に解釈」するからだと感じています。

「いい嫁が来てくれた」と言われたら、母も私も言葉どおりに受けとって、単純に喜ぶ。もし誰かに「楽しそうでいいですね」と言われたら、「はい、楽しいんです、ありがとう」と思う。

中には「おめでたい人だなぁ、嫌味のつもりで言ったのに」と嗤《わら》う他人もいるかもしれませんが、それでいい。

相手が悪意で発した言葉でも、毒抜きして良きに解釈したうれしい感情は私のもの。

同じ「言葉」でも、それをどう解釈して自分の行動に活かすかは自分次第。

アドバイスを自分の糧に

脳科学者の茂木健一郎氏は、

「同じ『感情』が生まれてもそれをどう解釈するか、自分の行動に活かすかということは別に考えたらいい」

と教えてくださいました。

だから私は善意に解釈することにしています。

「善意に解釈する」といっても、すべてをホメ言葉だと受け取るという意味ではありません。

それでは、相手のアドバイスが活かせない。

「相手は、私によかれと思って言ってくださってる」と、善意からの発言だと受け止めるのです。

元Google米国本社副社長の村上憲郎氏に、ある時言われました。

「新谷さんは、〝カホゴ〟だ。それはいいところでもある」

村上氏は、仕事術のみならず人生に「効く」アドバイスを、私の岐路ごとに下さる御方。

「過保護」の意味を考えました。

思えばその頃、私はいろいろな仕事を抱え込んで「他を利する」つもりが、余計なお世話になっていた。

もっと部下に任せて、その人のやる気や能力を活かす仕組みづくりが必要である、と気づかされたのです。

なお、家庭でも私の「過保護力」で子たちを困らせていたことが発覚しました。

村上氏の真意は分かりませんが、アドバイスをありがたく受け止め、勝手に前進させていただきました。

「めげない強い」ハハの会は、「すべてのことを善意に解釈するようにしよう」を合言葉に定期開催してゆきたいと思います。

すべてのことを
善意に解釈、
みんな私の
頼れるブレーン。

24

私はあの人に
嫌われている

人間関係こじらせ社員への処方箋

ある企業で、チームカアップ研修を行い、ヒアリングをした時に出てきた声です。

《○○企業△△部》
・部長
・課長（Aさん、Bさんの直属の上司）
・Aさん（女性部下）
・Bさん（女性部下）

「Aさんは、いまひとつ実力を発揮できずにくすぶっている」

部長から、そういう相談を受けて、Aさん本人に、まずは話を聞いてみました。

Aさんが言うには、

「課長が私のことを嫌っているから、私は頑張れないんです。私に対して、いつも腹を立てているような態度だし、高圧的。課長さえ変わってくれたら、私は頑張れるのに」

　次に、Aさんの同僚のBさんに、上司である課長について聞いてみました。

　すると、

「課長は優れたリーダーだと思います。仕事人として努力を正当に評価してくれるし、公平な人だと思います」

とのこと。

　今度は課長に、Aさんをどういう部下だと思っているかを聞いたところ、

「Aさんは、上司である私の顔色ばかりうかがって、ご機嫌取りをしているように感じられる」と言います。

　課長いわく、

「Aさんには、クライアントを第一に仕事をしてもらいたいのに、上司の意見や評価ばかりを気にして、自分ならではの案を出すこともない」

ということでした。

　そこで、私はAさんに、

「失礼ですが、仕事する時に、課長に嫌われたくない、評価されたいというのを、第一目的にしていませんか？　あなたの仕事の目的、目当てはなんですか？」

と、率直に聞いてみました。

するとズ星だったようで、Aさんはこの面談を縁に自分を見つめ直されました。

Aさんが課長のことを、たとえ人として慕っていたのだとしても、「上司に評価されたい、好かれたい」を、仕事の第一目当てにするのは見当違いです。

課長はそこを見抜いていました。

「上司の顔色ばかりを見るのは違う。クライアントを第一に仕事に向き合ってほしい、そうして成果を出してほしい」という価値基準だったのです。

一方、Aさんの価値基準は、「課長に嫌われたくない、だからA課長の気に入ることを言おう、気に入ることをしよう」でした。

仕事人として目的が違っていたことに、実力が発揮できない原因があったのだとAさんは気づいたそうです。

さらに、「課長さえ変わってくれたらと思っていましたが、私自身こそ、変わる必要があったのです」とも聞きました。

一方、課長は、

「『この仕事の目的は何か』『このチームにいる意味は何か』と、私（課長）もAさんに指南し、ベクトルのすり合わせをする必要があった」

と言われていました。

何か問題が起きた時に大切なのは、「本当の原因は何か」の視点です。

根本原因を間違えてしまうと、解決の処方箋にはなりません。

問題分析のためには、いろいろな角度から、よく話を聞き観察すること。そうすると、因果関係ではなく相関関係であること、原因の取り違いや、ねじれも見つかり、真因が浮かび上がってきます。

Aさんは、「私が力を発揮できない原因は、私自身にあった」と知ることで、かえってほっとしたそうです。

他人のせいでないということは、自分で自分の運命を切り拓くことができるということですから。

他人のせいでない
ということは、
自分で自分の運命を
切り拓くことができる
ということ。

25

私じゃなきゃ vs 私以外にも

相手のハッピーを願える人に

クライアント会社の人事部長、Nさん（五十代男性）は、かっこいい。

眉間のシワと三白眼がチャームポイント。

かっこいいNさんから見た、かっこ悪さとは何かを聞きました。

「自分のもとに優秀な部下がいると、囲い込みたいという気持ちをあらわにする人がいる。この優秀な部下がいてくれたら、良い成果を上げられる。だから自分のところにだけいてほしい、と思うのかもしれない。そして、その部下が別の部署に異動してしまうことを恐れて、

『君のことは俺が一番理解しているから、俺じゃなきゃだめ、俺のところにいなさい』

と言ってしまう。そうして、この上司のもとにいなきゃ自分は頑張れないんだと思わせてしまう。これはカッコ悪いですね」

「私（Nさん）は、『いつまでも自分のところに居ずに、他のところで磨かれてきて』と言っている。

それは、自分にはない、もっと良いところを持った上司に磨かれて、向上して

もらいたいから。

そういうふうに送り出したい、送り出せる人間でありたい」

できる上司のところに行ってしまったら、自分のできないところが分かって、帰ってこなかったらどうしよう、あっちのほうがいいと思われたらどうしよう、という気持ちが、部下の成長の邪魔をする。そうならないよう気をつけたい、とおっしゃっていたのです。

Nさんは、言われます。

「私は優秀な女性部下に恵まれて、苦労したことがありません」

ある時、Nさんと女性部下Tさんのやりとりを聞いていると、Tさんはいろいろな意見をNさんに言われていました。

「苦労したことない」とおっしゃっていたけれど、結構やり合っていらっしゃる……。

ひとしきり話が終わって、Tさんが部屋から出ていかれた。

部屋に残った新谷に、Nさんが言われました。

「あんなふうに、すごく優秀な部下がいて、自分が気づかないことをバンバン言ってくれるから助かります。

私の顔色をうかがっているだけのような部下は困りますから。

本当に会社のためになる、そういうことをきちんと考えて、別の視点から意見を言ってくれる。そんな部下に助けられています」

Tさんとの討論（？）後、流れる汗をハンカチでぬぐわれているNさんの、すがすがしい笑顔が忘れられません。

「頑張っている妻を僕も応援してる」

そのNさんの会社の、社長方との懇談会に出席した時のことです。

ある方が社長に、

「大企業の社長さまとして、いろいろとお忙しいので、奥さまがご家庭を支えておられるんでしょうね」

と言われると、

「うちの妻は、今でも現役で保育士をしてるよ。僕は、自分のことは自分でしています」

とおっしゃいました。そして、

「ハツラツとした妻を閉じ込めておいてもしょうがないからね。保育士として頑張っている妻を、僕も応援してる」

「女性の力こそ社会に必要だ」ということを訴えられている社長の発言に説得力がある理由を、垣間見た思いがいたしました。

もちろん、様々な夫婦の形があるでしょうが、「大企業の社長夫人は専業主婦」の思い込みは当たらないことを知ったひとコマでした。

「うちの妻はじっとしていられないたちなんですよねぇ」

と、いたずらっぽくほほ笑んだ社長の視線の先に、パワフルな奥さまの姿が浮かんだ気がしました。

大切な人こそ
広い世界に送り出す。

26

万華鏡の筒を回さないひと

人の「素敵」は発見するもの

自宅の近くに、京都万華鏡ミュージアムがあります。万華鏡というのは、中身が同じ材料で作られていても、見る人の筒の回し方によって、違う模様世界が展開されます。

せっかく万華鏡をのぞいているのに、回さずにじっと同じ絵柄ばかり見ている人がいたら、もったいないですよね。

「回してみてください。いろいろな綺麗な模様が見えますよ」と伝えたくなると思います。


同じように、人は、万華鏡みたいだと感じた、幼い頃の記憶があります。

私の実家は熊本です。家から歩いて五分ほどの友達の家の向かいに、邸宅がありました。その家には立派な門があって、玄関まで続く敷地に犬が放し飼いされていたのです。

その犬を目当てに、近くの友達と通っては、鉄の門扉の隙間から触ったりして遊んでいたら、ある時、突然、ガチャッと玄関の扉が開いて、眼光鋭い威厳のあるおじさんが門まで近づいてきました。

一瞬、ドキッとしましたが、「お嬢ちゃん、犬好き？」と聞かれたので、「好きです」と答えると、おじさんは、

「この犬は、パムちゃんって名前なんだよ」

と、とてもうれしそうにほほ笑んでいました。

近所の人の報告によると、この優しいおじさんは、その筋の人（任侠《にんきょう》の方）で「恫喝」が日常、「可愛い犬」は「獰猛《どうもう》なドーベルマン」である。

数日後、そのおじさんは、派手なパーカーを羽織り、ドーベルマンを連れて公園を走りながらゴミを放っていたらしい、と聞いた家族は震え上がっていましたが、私にとっては、その人は確かに「優しいおじさん」で、ドーベルマンは、「黒くてきれいなパムちゃん」でした。

ある日、母が言いました。

「あのおじさん、パムちゃんと散歩しながら公園のゴミ拾いしてたよ。ピンク色っぽいパーカーが意外と似合ってた」

人はそれぞれ、自分が生み出した心の世界に住んでいるといわれます。

万華鏡を回すように、接する相手とのケミストリー（関係や化学反応）によって、何が生まれるかも変わってきます。

ちょうどそれは、同じ競走馬でも、騎手によって全く変わってしまうようなものです。競走馬を題材とした映画では、このように描かれています。

アメリカの大恐慌時代に活躍した競走馬・シービスケットは、気性が荒く、安い値で売り出されていました。

ところが、相性のピッタリな騎手が見つかり、みるみる成績を上げていきます。

当時一番人気だった三冠馬にも勝利するまでになりました。

同じように、「あの人はダメね」「何もいいところないよね」と言われているような人でも、見る人が見たら、伸びしろがあるということです。

人と人との組み合わせで、一気に成長できる場合があります。

それを知らないのが、万華鏡を回さない人。

四十五度、九十度と角度を変えて回しているうちに、予想もしていなかった世界が展開していくのに、回しもしないで「つまんない」と言って、違った景色を見ようとせず、組み合わせを変えようともしない。

ほんとうは百色眼鏡《ひゃくいろめがね》なのに。

「綺麗でもないよ、こんなもの」と言っているのは、実は自分の見立て違いということも大いにあるかもしれません。それはもったいないこと。

あの人は「神経質」ではなくて、「緻密《ちみつ》」かもしれない。「大雑把」ではなく「大胆」なのでは？

これは、会社で部下を持ったら、心がけてゆきたい視点です。

一方、これから活躍していく女性、これから頑張っていこうという若手で、「なかなか芽が出ない」と悩んでいる人があれば、それはまだ万華鏡を回されていないだけかもしれません。

相性の合う人と縁があれば、活躍できる場が生まれます。

いろいろな角度から眺めてみてはどうでしょうか。

いつも事実は複数形。
万華鏡を回してみよう。
まだ見ぬ世界の連続。

27

ひとつでは多すぎる

たくさんの役割で相乗効果

「アメリカの女流作家、ウィラ・キャザーが、『ひとりでは多すぎる。ひとりでは、すべてを奪ってしまう』ということを書いている。ここの『ひとり』とは恋人のこと。相手がひとりしかいないと、ほかが見えなくなって、すべての秩序を崩してしまう、というのである」[*10]

（外山滋比古『思考の整理学』）

ひとつの役割だけだと、行き詰まってしまうことがある。

母、妻、嫁、仕事人、だからこそ可能なことがあるのかもしれません。

私のある一日を振り返ってみます。

娘の中学校のPTAの係、朝の挨拶運動の任のため、全速力でママチャリをこいで、中学校正門へ向かう。

PTA会長さん、地域委員長さんの指揮の下《もと》、中学生に笑顔を振りまきつつ、その合間にママ友から情報収集。

トイレットペーパーが安いのはどのスーパー、豚肉の三割引きシールが貼られるのは何時か。

PTAの役員さんたちは、頼れるアネゴ肌の方が多くて、私は妹的スタンスです。

今日も、M橋さんに各種相談しつつ、次の役員選びに行き詰まっている難局を乗り切るヒントをもらう。

挨拶運動が終わると、チャチャチャーと自転車で家まで戻って、夫の弁当詰めをしていると、弁当の仕上がりが気になる義祖母がのぞいてきて一言。

「梅干しの入れ方が浅すぎるなぁ、もうちょっと深く埋めないと」

……出発までの家事案件、以下略。

その後、オフィスに向かうと、まずは部下の皆さんとミーティング。それから管理職の研修プログラムを書いて、別案件の留学プロジェクトや、打ち合わせ。

会社から帰ってくると……、諸々の家事案件、以下略。

……やっと入浴時間です。

お風呂の中で四股《しこ》踏みをする息子を発見した義父は、面白がって褒め、義祖母はたしなめる。

お風呂から上がった息子が、

「あした学校で跳び箱があるから、練習する」

と表明。私は、跳び箱役も務めるわけです。

母、妻、嫁、仕事人（時々跳び箱）の顔があるからこそ、一日にいろいろな種類の感情を味わうし、いろいろな視点の体験ができます。

昼間は、「データ×エクスペリエンスの切り口で考え、新たな視座を獲得する重要性」を語る一方、夜になるとグダグダの混沌とした感情に流されてみる。

多様な役割で、頼り頼られの経験。

いろいろな人にもらったアドバイスを取りこみ、それらが相乗効果を生んでいると感じます。

楽しみ上手なママ友たちにも感化され

息子が幼稚園の時は、私はママ友にたくさん育ててもらいました。

例えばPTA新聞作り、夏祭りの遊具作りにおいても、多彩なアイデアや段取りの大胆さ、思い切りのよさなど、私には無いものを持つ、ママ友に囲まれていました。

また、爪もきれいに整えているNさんは、私にマニキュアをプレゼントしてくれて、爪をきれいにすることで、子育てしつつも自分をケアする楽しさを教えてくれたのです。

三人の息子さんを育てられつつ、身じまいも美しく、仕事も頑張っているNさんのキラキラパワーを何度、もらい受けたことか。

そして「楽しみ上手」なママ友たちにも感化されました。

「今度の幼稚園運動会を成功させるには、こういう段取りで、こういう役割分担で」

とガントチャートを作って考え込んでいたところ、ママ友たちは、

「準備も楽しもうよ」

と軽やかに背中をたたいてくれて、私の肩の力もホッと抜けたのでした。

行く先、行く先に、その道の先生がいるので、ありがたい。


幼稚園では、私よりも十歳以上年下の先生が多かったですし、ママ友の中には、ひとまわり年下、でも子育てでは先輩、という人もいました。

当時、息子の友達のM君が言いました。

「うちのママは二十六歳」

うちの息子いわく、

「うちのお母さん四十歳だよ（誇らしげ）」

M君、

「すごーい、数が多いね」

……そういう価値観もあるのですね。


このように、子どもから教えられることも多いので、朝から晩まで楽しい学び手でもいられるのです。

「妻・母・嫁・仕事人」、一つの役割に自分を乗っ取られることなく、いろいろな役割を行き来しながら、ハッピーな時間を紡いでゆきたい私には、

「ひとつでは多すぎる」。

ひとりでは多すぎる。

ひとりでは、

すべてを奪ってしまう。

*10

（ウィラ・キャザー）

28

約束

変わる約束、
変わり得ぬ約束

日常は「約束」で成り立っている。

電車のダイヤ、小学校の時間割表、給食の献立表、ランチのお品書き、テレビ番組表、会社との契約、各種契約書、子どもも大人も、実現したい未来（ビジョン）があり、それを達成するためにいろいろな約束をしている。

「誰」と「どんな」約束をして果たすか。

約束の質によってどんな時間を過ごすかは変わるし、約束しては果たしていく積み重ねが私の人生を形づくってきたといえる。

この「誰」と「どんな」の判断次第では、痛い目に遭うこともある。

とある男性が眉をひそめていた件（本人許可を得たので掲載）。

ある女性から、ＬＩＮＥのスクリーンショットが送付されてきて復縁を迫られたという。

「あなたは、あの時、ずっと私のことを愛すと言ってくれたよね。これがその証拠」と。

男性と女性の仲の良いやりとり（約五カ月前）のスクリーンショット。

女性側の論理としては、五カ月前に約束したのだから男性には、「ずっと愛す」の約束を果たしてもらわねばならないという。

「サイエンス」誌の公表論文なみに、撤回プロセスが複雑である。

気持ちは水ものなのだし一貫性を求められても困る、結婚を約束した仲でもないし、現在のその女性の魅力度合いでしか僕の気持ちを縛れないのであって、「言質をとってる。約束を果たせ」というのは違っている、というのが男性の言い分である。

もしも私がこの男性の立場であったら、と考えてみた。

自分の過去の発言を読み返して、いったん彼女との関係を育み直す努力はするかもしれない。でも、あ、違ったな、と思ったらやっぱり離れるだろう。

「約束」の種類によっては、仕切り直し、アップデートが必要です。

前例にだけこだわっていたら、チャンスを逃がす

仕事、日常生活でも約束の変更はある。

ホテルの建設予定地から石器が出土されたら、竣工《しゅんこう》予定を延期する場合だってある。

仕事においても当初の計画は、その時々の状況変化に際しては、優先順位をかんがみて、どうしなやかに対応し軌道修正できるかが、プロジェクトの成否を握るカギとなる。

とくに、VUCA（Volatility, Uncertainty, Complexity, Ambiguity）の時代といわれる昨今、どんどん移り変わっていく状況に対応した約束を決め直さないと、あの時こうやってたからという前例に固執していたら、仕事もうまくいかない。

最初の約束に固執しすぎたために、新しい、かつ全体をwinにするチャンスを逃していては、本来の目的を果たせない。

「誰」と「どんな」約束をするか。

その「誰」が「自分」である場合もある。

小学生の頃、「大人になったら何になりたい？」の将来の夢を書く宿題が出た。「十数年後の私」とする約束ともいえよう。

大人になった私に娘が五歳の頃、こんな手紙をくれた。

「おかあさんいつもありがとう　おかあさんわ（原文ママ）おとなだけど　いまなにになりたい？」

「いま、何になりたい？」の娘の問いは、私の中で深い問いに変換されている。

今、どうありたいか。私が今どんな人間であるかが私のゆく先、運命を決める。

限られた時間、あなたは、誰とどんな約束をしますか？

約束が未来を作る。

あなたは誰と、
どんな約束をしますか？

29

それぞれの住む世界

自分のものさしだけで
物事を決めつけていませんか？

自分のものさしだけで物事を決めつけていませんか？

同じ風景を見ていても、各人の心のあり方に応じて、違う世界を見ているのかもしれません。

例えば、ある人が、「こんなことがあったのです」と。

「泊まった部屋の外から、夕方、歯医者の金属音、キュイーンガリガリという音が聞こえてきて……」

と言われたので、それを聞いて私は、

「ええっ、本当にそれは耳障りでしたね。不快で大変でしたね。仕事の手も止まったでしょう」

と尋ねたのです。「キュイーンガリガリ＝不快音」ですから。

そうしたら、そのAさんは、

「え？　いやいや、美しい音だったんですよ。昔体験した水琴窟《すいきんくつ》のような音だなあと思って。あの部屋でラッキーでした」

と言われたのでした。

「『キュイーンガリガリ』を美しい音と感じる人もあるのだなあ……」

ある人にとっては不快な音が、別の人にとっては好ましい場合もあるのです。

安直な感想の押しつけをしてしまった気がして、私は恥ずかしくなりました。

音に限らず、同じ風景を見ても、人によって、違う風景を見ているのかもしれません。

例えば、友人関係で、「世話を焼き、リードしてくれる人」。

私は、そういう人も「頼もしくて、いいな」と好ましく感じます。

ところが、別の人にとっては、このような友人の態度が「押しつけがましい、嫌な人。もっと放っておいてくれたらいいのに」と煩わしく感じることもあるようです。

Aさんという一人の人を「あの人世話焼きで頼もしいわ」と見る私と、「押しつけがましい、煩わしい」と見る人といろいろありますから、「あの人はいい人」

「嫌な人」という評価はAさんの本質を表しているわけではないのです。

人の評価に限らず、仕事上でも日常生活でも、自分のものさしのみで物事を決めつけるのは残念なことではないでしょうか？

「ピンチ」がやってきて、絶望する人もあれば、「ピンチ」が来たら「どうやって解決しようか」とワクワクする人もある。

ピンチをどう切り抜けるかをデザインする快感を知っている人もあるのです。

その状況をどう捉えるか、というのは人によって様々です。

「隣にいても住む世界は違う」と知ることが相手を知る第一歩。

心が変わると行動が変わる

また、心のあり方が変わったら、その人の言葉や行動や、人となりは変わってゆくのだから、「あいつはダメな人間」とか、「人は変わらないもの」という決めつけやセリフで他人を縛りたくないし、そのセリフを吐いた自分自身をも、実は、おとしめて縛っている可能性があることに気づきたいものです。

例えば、「今までの自分を克服したい」と強く思い、努力したものの、力及ばず失敗した人を見て、チャレンジさえもしていない者が、高みの見物で、「あいつはあんな失敗をした人間だ」「もともと成功する器ではない」とレッテルを貼るのを耳にします。

あきれるし、残念だと感じます。

むしろ、「人は変われる。あのような経験をしたのだから、チャレンジしてない人より一歩前進した人」という見方をしたい。

視点を変えると、私が、この失敗をした人だったとしたら、外野が「どうせダメ人間」と決めつけてきても、耳栓をして、タネまきを続けます（タネまきの仕方は工夫し、変えますが）。

実際、仕事の現場でも、上司がチャレンジや前向きな失敗を推進する風土だと、より新しい価値を生み出せる会社になっている、好事例を見てきました。

すべては心から。心が変わると行動が変わり、住む世界も変わってゆくのです。

ピンチに
絶望する人もいれば、
どう切り抜けるかを考えて
ワクワクする人もいる。

30

一種のイリュージョン

心躍らすトイレットペーパーの芯

心のあり方によって世界のあり方が違う。

日本の美学者である伊藤亜紗さんは、その著書の中で、生物学者・ユクスキュルの「環世界《かんせかい》」について、日高敏隆氏の『動物と人間の世界認識』を手がかりに、こうひもといています。


「初夏、キャベツ畑にモンシロチョウが飛んでいます。しかし時間帯によって、モンシロチョウにとってのキャベツ畑の見え方は違います。午前中は交尾の時間帯です。オスは、交尾の相手を求めてキャベツ畑を飛び回っています。メスにとってもオスの存在こそが重要です。実際にはあたりに葉や花が存在しているのですが、全く目もくれません。

ところが午後になると、空腹になるのでしょう、モンシロチョウたちは今度は花の蜜を求めるようになります。急に、花が『見え始める』のです。しかも、重要なのは咲いている花。つぼみではなく開いた花だけが、意味のあるものとして、モンシロチョウたちの世界を構成するようになります。

ユクスキュルにとって、それぞれの生きものは、意味を構成する『主体』です。個々の『主体』は、周りの事物に意味を与えてそれによって自分にとっての世界を構成している。この『自分にとっての世界』が『環世界』と呼ばれるものです。生きものは、無味乾燥な客観的な世界に生きているのではありません。自分にとって、また、そのときどきの状況にとって必要なものから作り上げた、一種のイリュージョンの中に生きているのです」[*11]

（伊藤亜紗著『目の見えない人は世界をどう見ているのか』）

蝶が時間帯によって全く違う世界を見ているように、人間である私にしても、心のあり方によって、世界の見え方が異なります。

例えば、妊娠する前は、「どのジャケットが仕事しやすいだろうか。太って見えないだろうか」という目線で店先を見ているけれど、妊婦になったらそんなものは目に入りません。

視界からスーツコーナーは消えました。

いかにお腹まわり、腰まわりに伸縮性があるか。

「太めの服ってステキ」と、ゆる服ペタンコぐつ礼賛モードになりました。

体の状況は心の状態を左右しますから、それも含めて、心のありようによって世界のあり方は変わってきます。

子どもが生まれて、そのうちハイハイしだしたら、家の中のつまようじや包丁が「敵」のように見えてきました。

食事作りの時間帯は「味方」扱いですのに、めまぐるしい変化です。

かわいいアクセサリーやビーズ、ビー玉も、赤ん坊の命にかかわる危険因子。

絵：著者の息子さん（小学４年生）
「心躍らすトイレットペーパーの芯」

マチ針放置などもってのほか！

尖った物は封印し、窓や鍵を閉めて回る日常となり、「工具が消えた！」と家族から苦情も上がったのでした。

義父愛用の「便利工具」（味方）が、私にとっては「危険因子」（敵）。

「トイレットペーパーの芯」は私にとっては「資源ゴミ」ですが、現在小学生の息子にしてみたら「心躍る工作材料」です。

「私たちは、自分の心が生みだした世界に住んでいる」のではないでしょうか。

モンシロチョウは、
時間帯によって
全く違う世界を見ている。

私たちは？

31

いっそ孤独とおともだち

影があるからこそ光がある

昔は、孤独体質でした。

孤独を愛していた訳ではないけれど、気がつけばひとり。

孤独には、大きく分けて三種類あるといいます。

一つめがloneliness《ロンリネス》、二つめがsolitude《ソリテュード》で、三つめがisolation《アイソレーション》。

❶lonelinessというのは、孤立しているとか、寂しい、とか、痛みを伴う孤独さのこと。
❷solitudeというのは、自分の意思でひとりでいる。
❸isolationというと、絶縁とか隔絶、という意味がある。

これらの、どの「コドク」であったか、覚えてはいないけれど、「コドク＝私の弱み」と感じてはいました。

私自身は小学生ぐらいの時まで、孤独を好んでいたというより、孤独に好まれていたような気がします。

「玩具《おもちゃ》のない子が」　金子みすゞ

玩具《おもちゃ》のない子が
さみしけりゃ、
玩具をやったらなおるでしょう。

母さんのない子が
かなしけりゃ、
母さんをあげたら嬉しいでしょう。

母さんはやさしく
髪を撫で、
玩具は箱から
こぼれてて、

それで私の
さみしいは、
何を貰《もろ》うたらなおるでしょう。*12

私の「さみしい」は「何か」をもらってなおるものなのか……？
そしてある時「独生独死独去独来《どくしょうどくしどっこどくらい》」という言葉を知り、深く心から揺さぶられ、
私の存在そのものを表されていると感じるのです。
なぜ、人生は寂しいのでしょうか。

「独生独死（独り生まれ、独り死し）
独去独来（独り去り、独り来る）」
（釈迦）*

という言葉があります。

私たちは、この世に、独りで生まれてきたのだから、死んでいく時も独りです。最初から最後まで、独りぼっちの旅なのです。

これは、「肉体の連れはあっても、魂の連れがない」ことを表しているそうです。どれだけ大勢の人に囲まれていても寂しいのは、自分の心を分かってくれる人がいないから。親子、夫婦、親友であっても、心の中を、すべて洗いざらい言えるでしょうか。何一つ隠さずに、さらけ出すことができるでしょうか。

「あの人には、何でも言える」というのは、言える程度までならば、何でも言えるということ。

自分の悩みや苦しみを、すべて誰かに話すことができ、完全に分かってもらえたならば、と願うけれど、かなわぬ孤独を生きている。

弱さを強さに、孤独を糧に

ピカソは、

「深い孤独がなければ、まともな作品はつくれない」[*13]
と言ったそうです。
「孤独である」というのは「自分にとっての弱さ」と思われがちですが、孤独を糧に、一人で自分に向き合わなければ分からないことがあるのかもしれません。

「孤独の中へ、その人が持ち込んだものが成長する」[*14]

（ニーチェ）

弱さを強さに、孤独を糧に、孤独な時間があるからこそ、分かったこともあります。
私は小学校の頃は、ひとりだし、物陰好きだし、家族の中のキラキラ担当は弟と妹。
ですが、いろいろな人に、明るい場所にズルズルと引きずり出されました。
つまようじを刺されて、ズルッと中身を引きずり出されたサザエのような戸惑いもありました。

小学校で、友達づくりの成果もイマイチだったのを心配した女性の先生が、作戦変更。

「あなたは、一人でできる朗読とかスピーチを練習したらどうか」と勧められて練習した分野が、のちに自分の身を助けたりもしているのです。

中学生になってからも、他の生徒から浮いていたからか、夏休みに向けても孤独そうだったからか、英語の先生から声かけいただき、夏休みはその女性の先生と英語のスピーチ練習にいそしむこととなり、そのうち英語スピーチは、得意分野になりました。

母に勧められて入ったバレエ学校にいたY子さんはある時、私を自宅に誘ってくれました。

なかなか人と目を合わせられない私と違って、Y子さんはまっすぐに見つめてくるはつらつとした少女で、私は憧れました。

バレエ学校の隣が彼女の御宅。

それは県知事公邸でした。

のちにY子さんのお父様は総理も務められることとなり、TV出演されたY子さんが変わらず真っすぐな視線で謙虚に語っている姿に見とれました。

静かであれ情熱的であれ、私に、声をかけてくれる女性たちは、まぶしい存在でした。

「せっかく、明るさを分けてもらったのだから、頑張ってみよう」という恩に感じ入る気持ちもあったように記憶しています。

ともに咲きながら、深い絆を

「光があるからこそ影がある」

という言葉がある。

そして私は、

「影があるからこそ光がある」

とも思う。

私自身、いろんな弱さ、脆《もろ》さ、人に言えないみじめさと道連れで生きてきた。

そういう諸々の影があるから、光を求めずにおれなかった。

ヒマワリの明るさで照らされたい時もあれば、夜にだけ咲く月下美人の静かな寄り添いがほしい時もある。

力強く鼓舞されたい昼もあれば、哀しみの旋律に共鳴したい夜もある。

そんな私の標《しるべ》となってくれる人に近づくと、明るいほうへ行けた。

今は私自身が「明るい人」と言われるようになり、うれしく、戸惑うこともあります。

ならばせめて、私と関わる大切な人たちは、輝く世界に道連れにしたいし、ともに咲きながらながく深い絆を育んでいきたいと思っています。

＊釈迦……約二千六百年前、インドで仏教を説いた世界の偉人。その教えは七千冊余りの書物として残されている。

光あふれる場所に、
それぞれの花が
咲きますように。

あとがき

「あなたがいなければ、今の私に出会えてはいなかった」

そんなひととのめぐり逢いの数多《あまた》が、今の私をつくっています。

花が咲いたように笑う、明るい「花笑みの人」に接すると、楽しい眩暈《めまい》におそわれて、仕事、家事、学びもはかどり、願いは叶い、疲れも知らず時間密度が操れるのです。

私もそんな人になりたくて、接する相手、居る場所を選ぶことにしました。

「人と場所を選ぶ」のは傲慢でしょうか？

いいえ、むしろ逆です。自分の脆《もろ》さ、愚かさを知ればこそ、それを変えうる人、お互いにハッピーに輝き合える人、願いを叶え合える人との時間を求めてやまないのです。

その昔、私はある人に「不良品」と呼ばれたことがあります。

「不良品なら不具合部分を取り替えれば済むが、人はそう簡単に変われないから厄介だ」と。

苦いセリフに仕留《しと》められ、隠れてひとしきり悔し涙を流したあと、それでも「あんなこと言われた可哀想《かわいそう》な私」と不遇をかこつことは、選びませんでした。

その代わりに「『不良品』と言いたくなるのは、私の在り方のどこに原因があってのことだろう」と、自分の思い、言動を見つめ直すことにしました。

それにはまず、「不良品」は痛すぎる言葉ゆえ、自分なりに言い換えたのは「ぽんこつ」。

「ぽんこつ」克服計画にあたり、次に、別視点からの助言を求めて、ある先輩に事の顛末を相談したのでした。

すると一部始終を聞いたその先輩は激怒、

「あなたをぽんこつ扱いするのは、私が許さない！　ぽんこつ扱いしたのは誰？」

と、ほんとうは「不良品」と言われたなんて、とても言えない剣幕《けんまく》。まさかの仇打ちモードに突入したので、感謝とともにその手を引き留めると、先輩は「あなたは変わらなくていいから」と甘やかしてくれた上に、アイスクリームを注文してくれたのです。

アイスもとても甘かった。

「うかつに相談すると、甘やかされて変われないんだよなぁ、私」との心のつぶやきは建前で、ほんとうは、その言葉が欲しくて、ちゃっかり人を選んで相談したのかもしれません。

「あなたのままでいい」と言ってくれるひとを探して。

だけど私はその甘味に力をもらったからこそ、自分から思えたのです。

「今のままでは厭《いや》だ」と。

好きなところは変えない、嫌いなところは変えたい。

そしてこっそり嬉し涙を流しました。泣くときはひとり。


かつて私を「不良品」と呼んだ人は、今では誉めそやしてくれるようになり、「ぽんこつ」扱いしたことは記憶の彼方。

では、励ましてくれる人にも出会えず、努力しても無力感に苛《さいな》まれる時は、どうしたらいいのでしょうか。

「ここじゃなかったんだな、私が咲ける場所は」

と切り替えて、咲きたい場所を探しましょう。人には咲きやすい場所があります。

「あんな躓《つまず》きが無ければ…、あの人との別れが無ければ、今の私には出会えなかった」

咲きたい場所を見つけたあと、いま来た道を振り返ると、苦しかった瞬間の積み重ねも、今ではきらめいています。

読者の皆さんが、願いを叶えるヒントになればと書いたこの本の結びに、「私はあなたのおかげです」と伝えたい人たちがいます。

その深い見識と頓智《とんち》で、私の岐路ごとにひらめきを下さる、元Google米国本社副社長、村上憲郎氏。

「弱さ」が「強さ」に変容することを教えてくださった、スタンフォード大学のスティーヴン・マーフィ重松教授。

経営塾で、深い哲学を与えてくださった稲盛和夫京セラ名誉会長と塾生先輩方。

私の古今から多くを引き出す聞き上手、編集担当の北垣真由美さん、1万年堂出版の皆さん。

存在自体にありがとう、と伝えたい恩師、家族。

そして読者の皆さんに。

きっと皆さんは、私が花笑みのひとたちから学んだあれこれを綴《つづ》ったこの本を、私の思いよりも深く、読み解いてくれると思いますから、いつかお会いしたときには、話を聞かせてくださいね。

月かげさやかな真夜中 京都にて

新谷 典子

【出典】

＊1 山口周(著)『ニュータイプの時代』ダイヤモンド社、2019年
＊2タニア・シュリー / フーベルトゥス・ラーベ(編)平野卿子(訳)
『私だって言ってみたい！』講談社、2002 年
＊3 ヘルマン・ヘッセ(著)フォルカー・ミヒェルス(編)、
岡田朝雄(訳)『わがままこそ最高の美徳』草思社、2009年
＊4 村上憲郎(著)『村上式 シンプル仕事術』ダイヤモンド社、2009年
＊5 スティーヴン・マーフィ重松(著)『スタンフォード式 最高のリーダーシップ』サンマーク出版、2019年
＊6 佐々木かをり(著)『必ず結果を出す人の伝える技術』
PHPビジネス新書、2012年
＊7 ジャネット・ウィンターソン(寄稿)『ハーパーズ・バザー』
2020年4月号、ハースト婦人画報社
＊8 稲盛和夫(著)『心。』サンマーク出版、2019年
＊9 明橋大二(著)『子育てハッピーアドバイス２』１万年堂出版、
2006年
＊10 外山滋比古(著)『思考の整理学』ちくま文庫、1986年
＊11 伊藤亜紗(著)『目の見えない人は世界をどう見ているのか』
光文社新書、2015年
＊12 金子みすゞ(著)『さみしい王女・下』(金子みすゞ童謡全集6)
JULA出版局、2004年
＊13 グレッグ・マキューン(著)、高橋璃子(訳)『エッセンシャル思考』
かんき出版、2014年
＊14 植西聰(著)『孤独の磨き方』毎日新聞出版、2018年

＊本書に掲載している役職・肩書等は、執筆時点のものです。

✦著者　新谷 典子（しんたに のりこ）

株式会社ヒューマン・ブレーン 執行役員。

早稲田大学卒業。

京セラ創業者、稲盛和夫氏の盛和塾塾生として経営とフィロソフィを学ぶ（盛和塾解散後は、後継塾に所属）。

経営者、後継者、医師、管理職のコミュニケーション、スピーチ、プレゼンテーションアドバイザーを務めるほか、メガバンク向け研修に講師として登壇。財団法人と連携したイントレプレナー（社内起業家）研修で、事業内容の審査員を務め、デザインシンキングの講義も行う。

ロサンゼルス赴任の経験を生かしてアメリカの企業と連携した「スタンフォード大学STEMキャンププログラム」も運営。

現在、女性活躍、チーム力アップのための人財育成コンサルティング、高校・大学での講演、ワークショップも好評を得ている。

著書に、『人材を『人財』にアップデートする新しい手法と5つのポイント』（田中隆司氏と共著・ダイヤモンド社刊）。

一男一女の母。

✦イラスト　南 夏希（みなみ なつき）

✦装幀・デザイン　市川 あかね

✦DTP　ユニバーサル・パブリシング株式会社

すべてを叶える
仕事も家庭も子育ても　思いを形にするハッピーマインドの磨き方

令和2年（2020）　10月8日　第1刷発行

著　者　新谷 典子
発行所　株式会社　1万年堂出版
〒101-0052　東京都千代田区神田小川町2-4-20-5F
電話　03-3518-2126　　FAX　03-3518-2127
https://www.10000nen.com/

製　作　1万年堂ライフ
印刷所　凸版印刷株式会社

　ISBN978-4-86626-061-7 C0095